U0361004

本书为中国工程院战略研究与咨询项目
"沪舟甬跨海通道建设战略研究"（2023-XY- 42）之成果

沪舟甬跨海通道
建设战略研究

Research on Construction Strategy of
Shanghai-Zhoushan-Ningbo Cross-Sea Passage

徐峰 胡昊 林鸣 著

上海交通大学 出版社
SHANGHAI JIAO TONG UNIVERSITY PRESS

内容提要

本书遵循"实地调研→分析研究→总结凝练"的研究思路,围绕沪舟甬跨海通道建设中有组织全过程的高质量科技创新、品质工程标杆建设展开战略性研究,提出相应的对策建议,为沪舟甬跨海通道的高质量建设提供支撑,为我国交通基础设施建设高质量发展提供参考。本书读者对象为交通基础设施建设行业从业人员、科研人员,以及相关专业的学生。

图书在版编目(CIP)数据

沪舟甬跨海通道建设战略研究/ 徐峰,胡昊,林鸣
著. -- 上海:上海交通大学出版社,2025.1 -- ISBN
978 - 7 - 313 - 31789 - 6

Ⅰ. U459.5

中国国家版本馆 CIP 数据核字第 2024EH0722 号

沪舟甬跨海通道建设战略研究

HU-ZHOU-YONG KUAHAI TONGDAO JIANSHE ZHANLÜE YANJIU

著　　者:徐 峰 胡 昊 林 鸣			
出版发行:上海交通大学出版社	地　　址:上海市番禺路 951 号		
邮政编码:200030	电　　话:021 - 64071208		
印　　制:上海文浩包装科技有限公司	经　　销:全国新华书店		
开　　本:710 mm×1000 mm　1/16	印　　张:9.25		
字　　数:136 千字			
版　　次:2025 年 1 月第 1 版	印　　次:2025 年 1 月第 1 次印刷		
书　　号:ISBN 978 - 7 - 313 - 31789 - 6			
定　　价:88.00 元			

前　言

　　沪舟甬跨海通道是连接上海市、浙江省舟山市和宁波市的跨海大通道，也是我国"十纵十横"综合运输大通道沿海运输通道的重要组成部分。它的高质量建设，既是助推实施海洋强国战略、贯彻落实长江经济带发展的迫切需要，更是紧扣创新加速培育长三角新质生产力的重要举措。近年来，我国跨海通道的建设取得举世瞩目的成就。杭州湾跨海大桥、港珠澳大桥、大连湾海底隧道、深中通道等众多跨海通道的建设，不仅突破了中国桥隧工程的技术瓶颈，也取得了很多世界之最。但在跨海通道工程建设科技方面，我国还缺乏引领世界的关键核心技术，"卡脖子"技术问题依然存在，亟须加强科学研究与技术开发。同时，与发达国家"设计使用寿命200年"的发展目标相比，我国在跨海通道品质工程建设方面还存在一定的差距，特别是品质工程发展目标不明确、缺乏示范性标杆工程等，亟须加强研究与推动。因此，如何依托沪舟甬跨海通道建设，推动长三角科创一体化下跨海通道建设科技创新体系的构建，探索沪舟甬跨海通道品质工程标杆建设的实施路径，在我国新时代高质量发展和加速推进新质生产力发展的背景下，具有极其重要的意义。

　　本书内容围绕2023年中国工程院战略研究与咨询项目"沪舟甬跨海通道建设战略研究"（项目编号：2023-XY-42）成果展开，项目承担单位包括上海交通大学、中国交通建设集团有限公司粤港澳大湾区创新研究院、上海市政工程设计研究总院、中交第三航务工程勘察设计院有限公司、中交第三航务工程局有限公司等，由林鸣院士领衔负责。

本项目研究工作始于 2022 年 8 月，到 2024 年 6 月结题，历时将近两年。在研究过程中，项目组成员查阅了近百份文献资料，开展了历时 50 余天的实地调研，走访了近 30 家企事业单位，调研足迹遍布长三角地区、珠海经济特区、深圳经济特区、东北地区等，召开了 20 余场座谈研讨会，访问了 60 余位专家学者、工程建设者，对港珠澳大桥、深中通道、大连湾海底隧道、舟山六横大桥、杭甬复线三期等跨海通道典型案例进行了深入剖析，获得了大量的第一手数据资料。在此基础上，项目组针对沪舟甬跨海通道建设的科技创新技术管理模式、科技创新体系和品质工程标杆建设路径等展开了系统的研究，提出了加强跨海通道建设前瞻性技术储备、强化立体用海的理念引领、加快建立我国跨海交通科技计划体系、加快健全完善跨海通道工程科技创新的新型举国体制、丰富品质工程标杆内涵、扩展工程品质的社会责任维度、瞄准未来城市发展需求提升跨海通道建设的前瞻性、加强品质氛围建设并树立统一的品质价值观等对策建议。本项目研究成果得到了交通运输部、上海市交通委员会等相关部门的充分肯定和正面评价。

除了本书作者之外，上海交通大学工程管理研究所的胡喆博士，以及博士研究生丁时述、硕士研究生梅心语，也参与了本书的编写工作。本项目组全体成员以及项目调研过程中涉及的诸多跨海通道建设领域的领导、专家、学者，为本书的出版做出了重要贡献。在此，一并向他们表示衷心的感谢！

希望本书能够为我国交通基础设施建设高质量发展提供参考，加速推进我国交通基础设施领域新质生产力的发展，助力我国交通强国、质量强国等国家战略的实施。

目　录

科 技 创 新 篇

4 沪舟甬跨海通道科技创新组织管理体系构建

品质工程标杆篇

5 沪舟甬跨海通道品质工程标杆建设的基础

对　策　篇

7　跨海通道建设的对策建议   127

基础篇

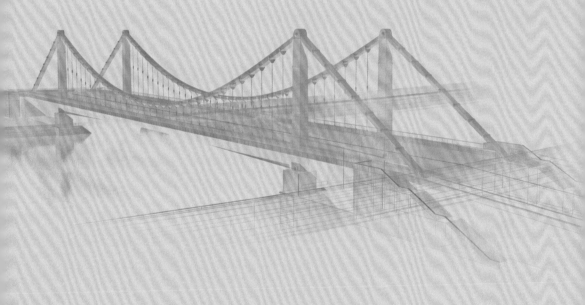

1

导　　论

沪舟甬跨海通道作为构筑沿海地区国际陆海开放新格局的战略通道、强化国家沿海综合立体交通网的复合通道、重塑杭州湾乃至长三角经济地理格局的关键通道、支撑军民融合与资源共享的保障通道，一直受到社会各界广泛关注。本章首先阐述沪舟甬跨海通道规划建设的必要性和紧迫性；其次从抓手、必要性、目标、内容、意义等角度，论述沪舟甬跨海通道科技创新与品质工程标杆建设的紧迫需求；最后描述国内外跨海通道建设的现状与趋势，并在对比之后探讨沪舟甬跨海通道在科技创新、品质工程标杆建设方面的需求与特点，从而为后续研究工作打下坚实的基础。

1.1　沪舟甬跨海通道规划建设的必要性和紧迫性

1.1.1　沪舟甬跨海通道规划发展历程

沪舟甬跨海通道作为连接上海市、浙江省舟山市和宁波市的跨海大通道，是我国"十纵十横"综合运输大通道沿海运输通道的重要组成部分。近十年来，关于沪舟甬跨海大通道的研究和讨论从未间断。2017 年 3 月，国务院印发的《中国（浙江）自由贸易试验区总体方案》中明确，要将自贸试验区建设成为东部地区重要海上开放门户示范区、国际大宗商品贸易自由化先导区和具有国际影响力的资源配置基地。为贯彻落实国务院决策部署，《舟山市国民经济和社会发展第十三个五年规划纲要》提出，要着力构建现代综合交通运输体系，形成与上海、宁波的同城效应，开展沪舟甬大通道（岱山—洋山段)、甬舟第二陆路通道、舟山本岛轨道交通、舟山本岛南部诸岛景观通道、普陀南部大通道等前期研究工作。2018 年 3 月,《宁波铁路枢纽规划(2016—2030 年)》提出,远景规划预留上海经洋山至舟山铁路。2018 年 7 月,《长三角地区一体化发展三年行动计划(2018—2020 年)》提出,开展东海二桥的规划研究工作;2019 年 12 月,《长江三角洲区域一体化发展规划纲要》提出,提升省际公路通达能力,规划建设东海二桥、沪舟甬等跨海通道。2019 年 9 月,《上海铁路枢纽总图规划(2016—2030 年)》提出,远景规划预留沪甬(舟)铁路,线位为经规划东海二桥至洋山并继续向南延伸。2022 年 5 月 16 日,浙江省交通运输厅发布了《沪舟甬跨海通道气象环境与风参数研究专题招标公告》,标志着舟山至上海跨海大通道项目前期研究正式启动,项目公铁合建初步规划方案出炉。2022 年 7 月 20 日,浙江省交通运输厅发布《沪舟通道工程可行性研究招标公告》,其招标范围为沪舟甬跨海通道项目的工程可行性研究报告的咨询工作,并同步开展涉海工程勘测、航道通航条件影响评价等相关专题研究。2023 年 5 月 6 日,浙江省舟山市人民政府网站相继发布《沪舟通道工程规划选址论证及用地预审咨询服务》和《沪舟通道工程海域使用论证》招标公告。这一系列工作的开展,标志着沪舟甬跨海通道项目可行性专题研究工作正稳步推进。

1.1.2 沪舟甬跨海通道规划建设现状

沪舟甬跨海通道是由上海临港至大洋山,经岱山,到舟山和宁波,采用公铁统筹规划的世纪大工程,全长 160 千米。这条大通道分成四个部分,采用分段规划、分段建设的模式。

第一部分是上海临港至大洋山段的东海二桥。2018 年 1 月,上海市人民政府发布《上海市城市总体规划(2017—2035 年)》,明确指出加快东海二桥(公铁合用)的实施及近期东海大桥接大洋山公路工程。2023 年 6 月底,上海市交通委员会公示《上海市交通委员会规划东海二桥的航道、锚地适应性方案项目中标公告》,研究规划东海二桥建设后对规划码头以及航道现状、锚地的影响,并同步研究风电场规划建设对航道、锚地的影响;在此基础上,提出杭州湾北岸航道和锚地布局优化方案,并提出通航孔布置推荐建议。这标志着东海二桥项目前期工作的实质性推进。

第二部分是大洋山至岱山段。2022 年 7 月 20 日,浙江省交通运输厅发布《沪舟通道工程可行性研究招标公告》,指出正在开展大洋山至岱山的公路段及大洋山至舟山的铁路段工程可行性研究报告的咨询工作,包括对工程可行性研究报告进行进一步论证分析,并协助办理工程可行性研究报告的批复工作。

第三部分是岱山至舟山本岛段,其中公路部分定岱高速已经通车,铁路部分与大洋山至岱山段都在开展工程可行性研究报告论证分析工作。

第四部分是舟山本岛至宁波段,由甬舟高速公路、甬舟高铁、甬舟高速公路复线 3 个项目构成。甬舟高速公路已经于 2010 年 12 月 31 日全线通车;甬舟铁路已经于 2020 年 12 月正式开工建设先行工程,2022 年 11 月 2 日全线开工,预计 2028 年底通车;甬舟高速公路复线一期工程(金塘至大沙段)陆域段于 2022 年 1 月开工,标志着该工程进入全面建设阶段。

沪舟甬跨海通道属于公铁两用通道,目前其公路通道已进入《国家公路网规划(2013—2030 年)》,而铁路通道尚未进入国家快速铁路规划。根据相关资料及官方公告统计,沪舟甬跨海通道公路通道由 4 个路段组成,各路段技术标准如表 1-1 所示。

表 1-1 沪舟甬跨海通道公路通道技术标准

路段	路段名称	路线方案	技 术 标 准	建设进展
主线	上海至大洋山段	东海大桥	双向 6 车道高速公路,设计速度为 80 千米/时,桥面宽为 31.5 米	已通车
		东海二桥	双向 6 车道高速公路,设计速度为 100 千米/时,路基宽度为 33.5 米	规划研究
	大洋山至岱山段		双向 6 车道,设计速度为 100 千米/时,路基宽度为 33.5 米	规划研究
	岱山至舟山本岛段	宁波—舟山港主通道	双向 4 车道高速公路,设计速度为 100 千米/时,路基宽度为 26 米	已通车

（续表）

路段	路段名称	路线方案	技 术 标 准	建设进展
主线	舟山本岛至宁波段	甬舟高速	宁波绕城高速蛟川互通至金塘互通段：双向4车道高速公路，设计速度为100千米/时，路基宽度为26米；金塘互通至岑港互通段：双向4车道高速公路，设计速度为80千米/时，路基宽度为26米	已通车
		甬舟高速复线	双向6车道高速公路，设计速度为100千米/时，路基宽度为33.5米	已开工建设
连接线	大小洋山连接线		双向4车道高速公路，设计速度为100千米/时，路基宽度为26米	规划研究
衢山支线			双向4车道高速公路，设计速度为100千米/时，路基宽度为26米	规划研究

1.1.3　沪舟甬跨海通道建设的必要性

下面从战略必要性与现实必要性两方面阐述。

1.1.3.1　战略必要性

1）国家战略及规划需要

从国家战略发展角度看，沪舟甬跨海通道位于长三角地区伸入海上的最外切边线段，是我国交通"十纵十横"沿海大通道最东外切线的重要组成部分，可实现杭州湾由"C形"尽端交通变成"O形"环杭州湾综合环状交通网络和空间发展新格局。作为一项具有全局和战略意义的重大标志性基础设施项目，沪舟甬跨海通道的高质量建设既有利于夯实21世纪海上丝绸之路的海上战略支点及对外开放的桥头堡，也是助推实施海洋强国战略、贯彻落实长江经济带发展的迫切需要；既是紧扣创新加速培育长三角新质生产力的重要举措，更是建设交通强国和科技强国的必由之路。

2）区域一体化需要

从长三角区域一体化发展角度看，沪舟甬跨海通道连接上海洋山港和宁波—舟山港两大世界级港口群，因此这既是支撑杭州湾区域一体化发展的需要,也是推进长三角区域一体化发展、落实海洋强国战略、推进国家建设长三角世界级港口群的重大支撑性和标志性工程。

同时,沪舟甬跨海通道是长三角地区实施陆海统筹、面向世界,以及海铁联运、江海联运和环太平洋经济圈先进制造业及物流枢纽开放的关键性和先导性通道。其建设有利于加快构建"一核两翼、带状发展"的长三角海上经济大走廊,推动长三角一体化形成"共建、共进、共保、共赢、共享"的区域发展新格局;有利于提高长三角城市群国际竞争力,实施更高质量和更高层级一体化的开放发展。

3) 沪舟甬三地发展需要

于上海市发展而言,沪舟甬跨海通道的高质量建设有利于促进上海自贸试验区临海新片区及大小洋山港一体化开发,能够为上海市浦东新区打通向南至长三角金南翼、海西经济区和粤港澳大湾区等新的便捷通达的海上大通道,并推动上海国际航运中心建设,是进一步发挥上海在长三角一体化中龙头引领作用的必然需要。

于宁波市发展而言,推进沪甬直达公铁通道规划建设,既是宁波深度融入长三角一体化的首要战略支撑,也是高铁时代宁波由交通末梢转向交通枢纽的必然选择,更是上海缓解超大城市压力、疏解城市非核心功能的"溢出"通道。

舟山市位于浙江省舟山群岛,是我国南北沿海航线与长江水道交汇枢纽、长江流域和长江三角洲对外开放的海上门户和通道。于舟山市发展而言,沪舟甬跨海通道的高质量建设是推动舟山群岛新区、舟山江海联运服务中心、舟山港综合保税区三大国家级规划的战略需要。

1.1.3.2 现实必要性

1) 经济发展需要

沪舟甬跨海通道的规划建设将连接上海市、宁波市和舟山市等长三角一体化发展中的关键城市,为长三角一体化发展注入新的活力。

上海市地处长江入海口,下辖 16 个区,行政区划面积为 6 340.5 平方千米,是我国国际经济、金融、贸易、航运、科技创新中心,也是引领长三角一体化发展的龙头城市。根据《2023 年上海市国民经济和社会发展统计公报》,

截至 2023 年末,上海市常住人口为 2 487.45 万人,其中,户籍常住人口为 1 480.17 万人,外来常住人口为 1 007.28 万人;全年,上海市实现地区生产总值 47 218.66 亿元,经济总量继续保持全国经济中心城市首位;从增速看,上海市 2023 年地区生产总值比 2022 年增长 5.0%;其中,第二产业增加值比 2022 年增长 1.9%,第三产业增加值比 2022 年增长 6.0%;第三产业增加值占地区生产总值的比重为 75.2%。

宁波市是我国对外开放 14 个沿海港口及 15 个副省级城市之一,是国务院批复确定的中国东南沿海重要的港口城市、长江三角洲南翼经济中心,也是长三角城市群五大区域中心之一。宁波市下辖 6 个区、2 个县、2 个县级市,全市陆域总面积为 9 816 平方千米,其中市区面积为 3 730 平方千米。全市海域总面积为 8 355.8 平方千米,根据 2023 年宁波市海洋生态保护和高质量发展情况专项审计调查结果数据,岸线总长为 1 686 千米。全市共有大小岛屿 611 个,面积达 267 平方千米。根据《2023 年宁波市国民经济和社会发展统计公报》,截至 2023 年,全年全市实现地区生产总值 16 452.8 亿元,按不变价格计算,比 2022 年增长 5.5%。其中,第一产业实现增加值 383.8 亿元,增长 4.7%;第二产业实现增加值 7 540.5 亿元,增长 5.7%;第三产业实现增加值 8 528.5 亿元,增长 5.3%。

舟山市位于浙江省舟山群岛,北与上海市、南与宁波市等大中城市隔海相望,东接公海,面向浩瀚的太平洋,是我国南北沿海航线与长江水道交汇枢纽、长江流域和长江三角洲对外开放的海上门户和通道。舟山群岛新区是我国第一个国家级群岛新区,具有得天独厚的深水港口和航道资源优势,港航业发展迅速,宁波—舟山港货物吞吐量常年位居世界第一。舟山市下辖定海、普陀、岱山、嵊泗 2 区 2 县,全市由星罗棋布的 2 085 个岛屿组成,区域总面积为 2.22 万平方千米,其中海域面积为 2.08 万平方千米,陆域面积为 1 459 平方千米。根据《2023 年舟山市国民经济和社会发展统计公报》,截至 2023 年末,全市常住人口为 117.3 万人,比 2022 年末增加 0.3 万人,城镇化率为 74.0%,比 2022 年提高 0.8%;全市地区生产总值为 2 100.8 亿元,按可比价格计算,比 2022 年增长 8.2%。其中,第一产业增加值为 183.8 亿元,增长 4.0%;第二产业增加值为 1 004.3 亿元,增长 10.6%;第三产业增加值为 912.7 亿元,增长 6.5%。

沪舟甬跨海通道是完善区域经济体系、加快构建双循环发展格局的现实需要,其建设将有力推动杭州湾地区、舟山地区的经济发展,将加强上海大都市圈和宁波都市圈的互联互通,促进沪舟甬跨海通道沿线城市的产业合作和资源共享,有助于形成更加紧密的区域经济一体化格局,有利于引导区域产业合理布局,加快资源要素流动,推动制造业高质量发展,有利于拓宽上海服务业辐射范围,加强创新链与产业链跨区域协同。

2) 交通发展需要

目前已经建成的跨杭州湾通道有钱江通道、嘉绍大桥、杭州湾跨海大桥,均为公路通道。其中,最早建成通车的杭州湾跨海大桥,是综合考虑多个交通流向及行政节点后权衡的结果,即杭州湾跨海大桥既要考虑宁波与浙江省内杭州湾北岸城市的联系(西方向),又要兼顾宁波与上海(东方向)的联系,还要考虑跨杭州湾(南北方向)的交通。由此可见,因为杭州湾跨海大桥需要兼顾多方需求,多个流向的交通量使用杭州湾跨海大桥均存在一定的绕行。换言之,宁波、舟山没有建立起与长三角龙头城市——上海直接连通的便捷通道。在杭州湾跨海大桥的下游增加通道,就是解决宁波、舟山与上海往来交通的直连问题,为副省级的行政节点——宁波、地市级的行政节点——舟山各自提供一条与上海的通道,分流现有的杭州湾跨海大桥上海方向的交通量。根据《沪舟甬跨海通道战略规划深化研究》的预测,2030年至 2035 年,杭州湾跨海大桥将出现通行能力缺口。即便考虑通苏嘉甬高铁通车后对公路通道客运量的分流,杭州湾跨海大桥的整体通行能力依然会在 2035 年前后达到饱和。

从杭州湾交通发展需要的角度来看,规划建设沪舟甬跨海通道对于缓解交通压力、优化交通布局、促进区域经济发展、提升国际竞争力,以及应对未来交通需求增长等方面都具有必要性。

(1) 缓解交通压力:杭州湾地区作为中国东部沿海经济发达区域,交通流量大,尤其是货物运输需求旺盛,其现有的交通网络已难以满足日益增长的需求。沪舟甬跨海通道的规划建设,将有效缓解杭州湾地区的交通压力,提高区域交通的通行效率。

（2）优化交通布局：沪舟甬跨海通道的建设将进一步完善杭州湾地区的交通网络布局，实现交通资源的优化配置。该通道连接上海、舟山和宁波等重要城市，将形成一条新的交通走廊，有助于提升整个区域的交通连通性和可达性。

（3）提升杭州湾地区的国际竞争力：作为长三角地区的重要连接通道，沪舟甬跨海通道的建设，将提升杭州湾地区在国际交通网络中的地位和影响力。该通道的建成将使杭州湾地区更加直接地融入全球交通体系，有助于提升区域的整体国际竞争力。

（4）应对未来交通需求增长：随着杭州湾地区经济的持续发展和人口的不断增长，未来交通需求将持续增加。沪舟甬跨海通道的规划建设，可为应对未来交通需求增长提供有力支持，确保区域交通的可持续发展。

综上，沪舟甬跨海通道的建设是适应杭州湾区域跨海客货运输需求不断增长的需要，是支撑杭州湾地区交通运输高质量发展的需要，是补齐综合运输短板完善城市群综合交通网络的需要，也是建设世界级港口群，助力我国交通强国建设的需要。

1.1.4　沪舟甬跨海通道建设的紧迫性

分段规划、分段建设是沪舟甬跨海通道规划建设的基本特征。其中，舟山至岱山段已建成通车，舟山至宁波段已全面开工建设，但大洋山至岱山段和上海至大洋山段（东海二桥）的进度严重滞后，影响了沪舟甬跨海通道效益的发挥。因此，东海二桥规划建设亟待加快推进。

2023年上海港集装箱吞吐量连续十四年居全球第一，洋山港作为上海国际航运中心的主体，集装箱吞吐量突破2500万标准箱，占比超51%。东海大桥是洋山港唯一的陆路集疏运通道，目前其实际通行需求已远超其700万标准箱的设计通过能力，这制约了洋山港的进一步发展和上海作为长三角龙头地位、世界航运及经济中心作用的发挥。

为此，启动东海二桥规划建设已迫在眉睫。目前，小洋山港的可开发利用空间已接近饱和，亟须开发建设大洋山港。东海二桥作为大洋山港的陆路集疏运通道，其重要性不言而喻。而且，东海二桥还是我国"十纵十横"沿海综合运输大通道的重要组成部分,是推进上海国际航运中心建设的关键基础设施。更重要的是,东海大桥是洋山港目前唯一的陆路集疏运通道,一旦受阻,后果极其严重。因此,东海二桥的建设对于全力保障航运供应链安全十分必要,也将极大地增强上海城市发展和长三角经济发展韧性。

有识之士早就提出建设东海二桥的构想,但迟迟未能实质性启动这一重大工程。综合来看,推进其规划建设主要存在以下三个方面的制约因素。

一是公铁合建难度大。东海大桥只有公路运输而没有铁路运输,以致在大雾等恶劣天气情况下无法通行,进一步加剧其运力瓶颈。因此,东海二桥采用公铁合建的呼声很高,但尚无定论,主要是因为:一方面,公铁合建投资大、难度高;另一方面,东海二桥公路部分已纳入国家公路网规划,而铁路部分却还未纳入国家中长期铁路网规划。

二是跨行政区域协调难度大。目前,沪舟甬跨海通道中的舟(山)岱(山)大桥已建成通车,但洋山到岱山段仍在进行工程可行性研究,而东海二桥的规划建设时机主要取决于大洋山港的开发。因此,尽管东海二桥作为沪舟甬跨海通道的组成部分已纳入国家公路网规划,但是,因大洋山港的开发建设涉及跨行政区域,协调难度大,迟滞了东海二桥规划建设的启动,并影响到了国家高速公路的贯通。

三是海域使用统筹难度大。东海二桥作为跨海桥梁,其建设与养殖海产品、架设海上风电设施、铺设海底电缆管线等,都因涉及海域使用而产生矛盾。各相关单位在规划建设中,通常多从自身出发而缺乏全局通盘的考虑,易产生海域使用冲突,如跨海桥梁的最佳线位已经被海上风电设施占据等。

为破解上述制约因素,本书特提出以下建议。

(1)加快公铁统筹研究,力争纳入国家规划,尽早在规划层面确定是否开展公铁合建。根据东海大桥的运行情况,东海二桥宜采用公铁共用模式。因此,建议加强、加快与中国国家铁路集团有限公司的合作,共同开展东海二桥公铁统筹研究,并积极与交通运输部沟通,力争将东海二桥铁路部分纳入国家中长期铁路网规划,以加快东海二桥的规划建设进程。

(2)加强与浙江省的全面协调、争取国家支持,推动大洋山港的开发建设。大洋山港的开发建设对启动东海二桥的规划建设具有举足轻重的作用。因此,建议充分发挥长三角地区主要领导座谈会、长三角区域合作办公室等长三角一体化省级协调机制的促进作用,并积极争取国家发展和改革委员会的大力支持,尽快启动大洋山港开发建设、推动东海二桥的建设。

(3)建立"立体用海"协调机制,统筹海域使用。以贯彻执行 2023 年 11 月发布的《自然资源部关于探索推进海域立体分层设权工作的通知》为契机,落实大小洋山周边海域使用情况,掌握未来海域使用规划,明确相关使用部门,建立市级层面的"立体用海"协调机制,对东海二桥规划线位处海域的立体使用情况进行摸底,解决冲突矛盾,统筹海域的未来使用规划,为东海二桥的规划建设保驾护航。

1.2 沪舟甬跨海通道科技创新与品质工程标杆建设的紧迫需求

1.2.1 发展跨海通道建设新质生产力的重要抓手

党的十八大以来,我国交通重大基础设施的建设取得举世瞩目的历史性发展成就。杭州湾跨海大桥、港珠澳大桥、大连湾海底隧道、深中通道等众多跨海通道的建设,不仅突破了中国桥隧工程的技术瓶颈,也取得很多世界之最的成绩。跨海通道等重大交通基础设施是突破科学前沿、解决经济社会发展和国家重大科技问题的重要物质基础和技术保障手段,已成为代表国家科技水平、创新能力的"科技利器",也是培养高水平人才、推动城市升级发展的"国之重器"。

自杭州湾跨海大桥在国内第一次明确提出了设计使用寿命大于等于 100 年的耐久性要求后,"平安百年品质工程"的理念逐渐贯穿于每一个重大基础设施工程的全生命周期,跨海通道品质工程建设理念逐步建立发展。但是与西方发达国家"设计使用寿命 200 年"的发展目标相比,我国在跨海通道品质工程建设方面还存在差距,特别是品质工程发展目标不明确、缺乏示范性标杆工程等,故亟须深入探索跨海通道品质工程标杆建设路径,以进一步提升我国跨海通道工程的整体质量。

科技是国家强盛之基,创新是民族进步之魂,高质量的科技创新是推进跨海通道品质工程标杆建设的重要助力。习近平总书记强调:"科技创新作为提高社会生产力、提升国际竞争力、增强综合国力、保障国家安全的战略支撑,必须摆在国家发展全局的核心位置。""科技创新是核心,抓住了科技创新就抓住了牵动我国发展全局的'牛鼻子'。""科技创新能够催生新产业、新模式、新动能,是发展新质生产力的核心要素。"习近平总书记以全球视野、战略眼光,强调了把科技创新置于国家发展全局的核心位置的重要性和必然性,深刻揭示了科技创新与发展新质生产力之间的内在关系,深化了对科技创新推动生产力发展的规律性认识,蕴含着深刻的理论逻辑、历史逻辑和实践逻辑。

长三角区域是我国科技创新的先行者,长三角地区已进入创新驱动转型的新发展阶段。2020 年 8 月 20 日,习近平总书记在扎实推进长三角一体化发展座谈会上强调,长三角区域不仅要提供优质产品,更要提供高水平科技供给,支撑全国高质量发展。长三角区域要"勇当我国科技和产业创新的开路先锋"。2023 年 11 月 30 日,习近平总书记在深入推进长三角一体化发展座谈会上进一步指出,要跨区域、跨部门整合科技创新力量和优势资源,实现强强联合,打造科技创新策源地。

由前述可知,沪舟甬跨海通道作为长三角区域具有全局和战略意义的重大标志性基础设施项目,其建设为长三角区域一体化高质量发展带来了新的发展格局,也是长三角区域跨区域、跨部门整合科技创新力量和优势资源以打造科技创新策源地的重要载体,还是紧扣创新加速培育长三角区域新质生产力的重要举措,更是交通强国建设和科技强国建设的必由之路。因此,在我国新时代高质量发展和加速推进新质生产力发展的背景下,如何依托沪舟甬跨海通道建设,推动长三角区域科创一体化下跨海通道科技创新体系的构建,探索沪舟甬跨海通道品质工程标杆建设的实施路径,具有极其重要的意义。

1.2.2 沪舟甬跨海通道建设高质量科技创新的必要性

进入 21 世纪,科技创新日益成为国家和地区发展的关键驱动力。习近平总书记曾多次强调,科技是现代化的关键,也是国家综合实力的重要体现。科技强国的地位不仅能够提升一个国家在全球竞争中的地位,而且对于推动社会经济发展、改善人民生活水平具有重要意义。为了实现科技强国的目标,各国纷纷制定政策,鼓励加大投入,加强科技研发,培育科技创新,推动科技进步。其中,大型交通基础设施建设与材料和技术的创新发展紧密相关,为了满足这些基础设施建设和运营不断增长的要求,持续的研发创新和技术突破是不可或缺的。

开展高质量科技创新对沪舟甬跨海通道项目来说非常重要且必要。通过推动科技创新,可以突破技术难题、提升工程质量和安全性、促进产业升级与发展、增强国际竞争力与影响力,为项目的顺利实施和长期稳定运行提供有力保障。

(1)技术挑战与突破:沪舟甬跨海通道作为一项重大的基础设施工程,面临众多的技术挑战,如深海基础施工、超长跨距桥梁建设、复杂海洋环境下的工程安全性等。突破这些挑战必须依赖高质量的科技创新,研发新技术、新材料和新工艺,确保工程顺利实施和长期稳定运行。

(2)提升工程质量与安全性:科技创新是提升工程质量和安全性的关键。研发和应用先进的施工技术和设备,可以提高工程的施工质量,减少工程事故和隐患,确保通道的长期安全和稳定运行。同时,科技创新还可以提高工程对极端天气和自然灾害的抵御能力,保障人民生命财产的安全。

(3)促进产业升级与发展:沪舟甬跨海通道的建设将带动相关产业链的发展和升级。高质量的科技创新可以推动工程建设领域的技术进步,促进相关产业的创新和发展,提升整个产业链的竞争力。同时,科技创新还可以推动相关产业的转型升级,实现高质量发展。

(4)增强国际竞争力与影响力:沪舟甬跨海通道作为我国重要的基础设施工程,其建设水平和科技创新成果将直接影响我国在国际上的竞争力和影响力。高质量的科技创新可以提升我国在国际基础设施建设领域的地位和声誉,增强我国在国际舞台上的话语权和影响力。

1.2.3 沪舟甬跨海通道品质工程标杆建设的必要性

沪舟甬跨海通道品质工程标杆建设对于满足交通与货运需求、推动长三角区域工程建设水平提升、展现国家工程建设水平以及促进沿线城市与区域发展等方面都是十分必要的。

（1）满足交通与货运需求：沪舟甬跨海通道不仅满足上海大都市圈和宁波都市圈的交通需求，实现 90 分钟通勤圈，还连接全球最大的货运港和集装箱港，满足巨量货运需求，可促进两大港口的协同运作和未来合作。

（2）推动长三角区域工程建设水平提升：作为长三角地区的标志性基础设施和港口一体化的里程碑，沪舟甬跨海通道的建设能将桥隧工程建设标准提升至新的高度，为其他工程提供新技术、新材料、新工具应用的范例，引领长三角区域工程建设水平的发展。

（3）展现国家工程建设水平：沪舟甬跨海通道的建设将代表我国在桥隧工程建造领域的技术进步和再次突破，彰显我国工程建设的高品质水平，增强海外基础设施建设的信心，提升我国在国际基础设施建设领域的声誉和地位。

（4）促进沿线城市与区域发展：沪舟甬跨海通道能够挖掘沿线城市客货运发展潜力，提升旅游业，加强舟山市与上海市、江苏省、浙江省的联系，促进上海大都市圈和宁波都市圈的互联互通，避免同质化竞争，加速临港和腹地产业的转型升级与分工协作。

1.2.4 沪舟甬跨海通道科技创新与品质工程标杆建设的目标

本书运用系统工程、全生命周期管理、品质工程等理论，构建沪舟甬跨海通道的科技创新技术管理模式、科技创新组织管理体系和品质工程标杆建设路径，并给出配套的对策建议，从而从科技创新、品质工程标杆建设两个维度推动沪舟甬跨海通道的高质量建设，进而推进长三角区域科技创新一体化的高质量发展，助力我国科技强国、质量强国、创新驱动发展战略的实施。

本书聚焦的关键问题是在沪舟甬跨海通道建设进程中如何开展有组织、全过程的高质量科技创新，如何依托沪舟甬跨海通道高质量科技创新打造长三角创新策源共同体，在此基础上，如何将沪舟甬跨海通道建设成为世界级湾区跨海通道品质工程标杆。

综上,本书依托项目的建设目标是深入剖析跨海通道建设的科技创新现状与瓶颈,结合长三角区域科创一体化,建立多维度、多层级的沪舟甬跨海通道科技创新技术管理模式,并从政府、企业两个角度,构建涵盖科创组织、科创投入、科创攻关、成果转化与推广等科技创新全过程的沪舟甬跨海通道科技创新组织管理体系。在此基础上,分析提出跨海通道品质工程标杆的内涵,探索沪舟甬跨海通道品质工程标杆的建设路径。

1.2.5 沪舟甬跨海通道科技创新与品质工程标杆建设的内容

本书紧扣国家科技强国、质量强国的战略需求,服务于科学实施沪舟甬跨海通道重大工程建设,依托项目的技术路线如图 1-1 所示,具体内容如下。

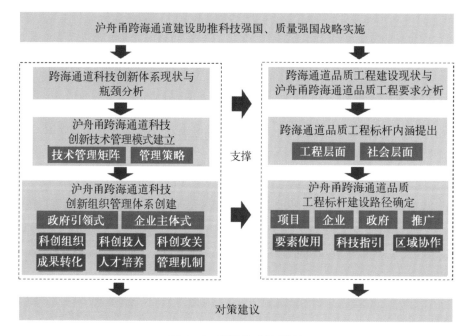

图 1-1 项目技术路线图

1) 沪舟甬跨海通道建设的困境与解决路径分析

通过对文献资料的收集和阅读、实地调研结果的分析,以及对当前国内外跨海通道建设现状的梳理,总结归纳出在科技强国、质量强国战略下沪舟甬跨海通道建设的需求与特点,进而结合我国跨海通道建设的现状,总结沪舟甬跨海通道建设的困境。按照目标和手段的逻辑,紧扣科技强国、质量强国、长三角区域一体化等国家战略的实施需求,将沪舟甬跨海通道建设面临的困境分解为科技创新突破和品质工程标杆建设两部分,并提出针对性解决路径:构建沪舟甬跨海通道的科技创新技术管理模式和科技创新组织管理体系,以及给出沪舟甬跨海通道品质工程标杆的内涵及其建设路径。

2)沪舟甬跨海通道科技创新技术管理模式、组织管理体系建立及对策建议

基于跨海通道科技创新现状和沪舟甬跨海通道的科技创新需求,引入系统工程理论中的霍尔三维结构模型,建立沪舟甬跨海通道科技创新技术管理模式——科技创新三维技术管理矩阵,并将沪舟甬跨海通道建设科技创新技术分为迁移引进、重点攻关、核心突破三大类,实现技术的精细化分类管理。

以沪舟甬跨海通道科技创新三维技术管理矩阵为主体,以自主创新为核心,从科创组织机制、科创投入机制、科创攻关机制、成果转化与推广机制、人才培养和管理机制等科技创新全过程,创建政府引领式自主化科技创新、企业主体式市场化科技创新两种科技创新组织管理体系。

在上述研究成果的基础上,结合长三角区域科技创新一体化战略的实施,提出针对沪舟甬跨海通道科技创新方面的对策建议,不仅旨在引导沪舟甬跨海通道建设中的科技创新发展,还为其他跨海通道建设中的科技创新发展提供借鉴,从而提升我国跨海通道建设的自主创新技术水平和科技管理水平。

3)沪舟甬跨海通道品质工程标杆建设困境、发展路径及对策建议

沪舟甬跨海通道的建设不仅肩负着满足沪舟甬三地交通需求的工程属性,还代表了长三角区域先进的工程建设技术水平,是长三角区域一体化深化的标志性工程,具有极强的社会属性。因此,为了实现质量强国战略下我国工程项目品质的更高要求,本书提出了品质工程标杆的概念,分别从工程层面和社会层面阐释了品质工程标杆的内涵及其所需达到的要求,为以后的工程建设确立了更高的建设标准。接着,从长三角地区的资源和禀赋的角度,剖析如何借助长三角区域一体化的东风,对沪舟甬跨海通道品质工程

进行标杆建设,即利用模块化和系统工程的思想,分别从建设目标、要素使用、科技指引、区域协作等角度,深入剖析品质工程标杆建设的路径,并根据长三角地区现实状况,提出针对性的对策建议,助力沪舟甬跨海通道建设成为品质工程标杆。

1.2.6 沪舟甬跨海通道科技创新与品质工程标杆建设的意义

本书围绕沪舟甬跨海通道高质量科技创新及品质工程标杆建设展开研究,构建沪舟甬跨海通道工程科技创新技术管理模式与组织管理体系,探索沪舟甬跨海通道品质工程标杆建设路径,对跨海通道工程建设行业以及经济和社会发展具有重要意义,具体表现在以下几个方面。

1) 丰富跨海通道工程科技创新技术管理及品质工程建设的理论体系

本书的研究内容有助于建立高水平的跨海通道建设科技创新技术管理体系,不断推进知识创新、理论创新、方法创新;能够探索高质量的跨海通道品质工程标杆建设路径,不断完善我国跨海通道品质工程和质量管理的理论体系,从而在理论层面促进跨海通道工程的科技创新管理及品质工程建设水平。

2) 推动我国跨海通道工程行业科技创新技术管理及品质工程建设实践的进步

本书的研究内容能够丰富跨海通道科技创新技术管理和品质工程建设的理论体系,进一步助推我国跨海通道工程行业实践的进步,大力提升跨海通道工程的科创、设计、建设、运维和管理水平,推动我国跨海通道百年工程目标的实现,进而推进我国交通基础设施建设高质量发展,助力我国科技强国、质量强国战略的实施。

3) 促进我国跨海通道工程行业的企业管理水平提升和产业转型升级

因为跨海通道工程科技创新技术管理和品质工程标杆建设实践中包含设计、施工、科研院所等众多单位,所以本书涉及的研究内容构建的高水平科技创新技术管理体系和高质量品质工程标杆建设模式,有利于各参建企业(单位)以科技创新和品质工程建设为抓手,提升企业管理水平,丰富企业内涵建设,优化科技创新资源配置,提升企业核心竞争力,促进跨海通道工程行业整体转型升级。

1.3 国内外跨海通道建设现状与趋势

　　世界上最早的跨海大桥来自距今近千年的北宋时期,我们的祖先在落后的生产条件下,搭建起了洛阳桥。洛阳桥,又称万安桥,坐落于福建省泉州市洛阳江的入海口,始建于公元 1053 年,历时六年零八个月,于公元 1060 年竣工,桥长 834 米,宽 7 米,是世界历史上第一座跨海梁式大石桥。

　　19 世纪以来,随着以汽车交通和铁路交通为代表的现代化交通体系的发展,世界各国开始思考如何实现陆地与海洋之间的交通衔接,从而催生了以跨海大桥和海底隧道为代表的现代化跨海通道工程建设的想法。在桥梁方面,1937 年,美国建成的上跨金门海峡的金门大桥,曾经是世界最高悬索桥,现在仍是世界最有名的桥梁之一;1955 年,美国旧金山湾区跨海大桥建成通车,标志着跨海大桥的建设进入新的发展阶段;1986 年,在位于波斯湾中的巴林湾,连接巴林和沙特阿拉伯的法赫德国王大桥建成通车,总长 25 千米,其中 15 千米横跨海湾,另外 10 千米填海造堤修建;2005 年,全长 32.5 千米的东海大桥在我国建成通车,建成时为世界最长的外海大桥;2008 年,正式通车的杭州湾跨海大桥全长 36 千米,是当时世界上已建成的最长的跨海大桥。在隧道方面,施工周期长达 24 年的日本青函海底隧道是世界最长的海底隧道;横跨英吉利海峡的英法海峡隧道是海底长度最长的海底隧道;位于江底 70 米深处的南京扬子江隧道是世界上同类隧道中规模最大、长度最长、地质最复杂、水压最高的隧道;以建设—经营—转让(BOT)模式建成的香港红磡海底隧道是世界上最繁忙的行车隧道之一;2023 年 5 月 1 日通车的大连湾海底隧道是世界上单孔跨度最大、结构外包尺寸最大的沉管隧道。

　　从建设方式来看,以桥、岛、隧组合工程为特点的跨海通道工程建设成为近年来的新热点。与传统跨海大桥、海底隧道相比,其具有长度长、跨度大、基础深等显著优势。于 1956 年建成的美国汉普顿道路是世界首个桥隧组合工程。经过数十年发展,桥、岛、隧组合在跨海通道上的应用得到长足发展,如东京湾横断公路、大贝尔特桥、厄勒海峡大桥、切萨皮克湾跨海大桥,以及我国的崇明越江通道、港珠澳大桥、深中通道等。从使用建设类型来看,公铁两用的跨海通道工程也成为未来发展的新趋势。相较于传统跨海公路大桥,公铁两用跨海大桥可以根据不同交通工具的需求进行运输组织的优化,有效解决了原来单一运输方式的限制问题,提升区域的交通运输效率,如日本濑户大桥,日本明石海峡大桥,我国的平潭海峡大桥、西堠门大桥,以及未来规划建设的琼州海峡跨海通道、沪舟甬跨海通道等。

跨海通道是现代化城市交通系统的重要组成部分,也是国家基础设施建设的重要项目之一。经过多年努力,我国在跨海通道工程方面已经取得了历史性成就,并处于世界领先水平,开始积极运用桥隧组合工程来解决更多跨海交通的建设难题。2009 年建成的上海长江隧道,目前依然是全世界规模最大的桥隧工程之一;2018 年建成的港珠澳大桥集桥、隧和岛于一体,是世界目前里程最长、投资最多、施工难度最大、设计使用寿命最长的跨海公路桥梁;2024 年 6 月 30 日建成通车的深中通道是集"桥、岛、隧、地下互通"于一体的跨海集群工程,在世界上尚无先例。同时,我国逐步攻克公铁两用大桥建设难题并将成果大范围推广。2020 年建成的跨越海坛海峡北口的公铁两用桥梁——平潭海峡大桥是世界最长也是我国第一座公铁两用跨海大桥;目前正在建设的西堠门大桥是世界最大跨径公铁两用大桥;我国首条公铁同层跨海大桥——金海大桥,其一期工程于 2024 年 2 月 3 日建成并正式通车。表 1-2 展示了包括上述跨海通道在内的世界部分著名跨海通道工程信息。

表 1-2 世界部分著名跨海通道工程信息

名　称	国家	启用时间	全　长	桥　长	类型	特　点
金门大桥	美国	1937 年	2 780 米	1 967.3 米	公路	金门大桥高架桥采用拱桥设计方案,主桥为双塔悬索桥

(续表)

名 称	国家	启用时间	全 长	桥 长	类型	特 点
切萨皮克湾跨海大桥	美国	1964 年	37 千米	24.14 千米	公路	包含混凝土低位高架桥、2 条海底隧道、2 座高位钢结构桥、4 个人工岛
濑户大桥	日本	1988 年	37.1 千米	—	公铁两用	横跨 5 个岛屿,由 3 座悬索桥、2 座斜拉桥、1 座桁架桥连贯而成,世界第二长的公铁两用大桥
东京湾横断公路	日本	1997 年	15.1 千米	4.4 千米	公路	由船舶航行较多的川崎侧海底盾构隧道、水深较浅的木更津侧海上桥梁,以及川崎侧岸边浮岛的引道部分组成
大贝尔特海峡工程	丹麦	1998 年	17.5 千米	13.4 千米	公路	由跨越东航道的 1 条铁路隧道、1 座高速公路高架桥和 1 座公铁两用桥组成
法赫德国王大桥	沙特阿拉伯	1986 年	25 千米	15 千米	公路	全长 25 千米,其中填海造堤部分为 10 千米,架桥部分为 15 千米,由 5 座桥梁相连而成
东海大桥	中国	2005 年	32.5 千米	25.3 千米	公路	由陆地段引桥、跨海段主桥和港桥连接段南引桥三大部分组成
港珠澳大桥	中国	2018 年	55 千米	22.9 千米	公路	由 3 座通航桥、1 条海底隧道、4 座人工岛及连接桥隧、深浅水区非通航孔连续梁式桥和港珠澳三地陆路联络线组成
胶州湾大桥	中国	2011 年	42.23 千米	31.63 千米	公路	由沧口航道桥、红岛航道桥以及大沽河航道桥三部分组成
平潭海峡大桥	中国	2020 年	16,32 千米	—	公铁两用	由元洪航道桥、鼓屿门水道桥、大小练水道桥、非通航孔桥,引桥,小练岛铁路路基组成,是目前世界上最长的公铁两用大桥

（续表）

名　称	国家	启用时间	全　长	桥　长	类型	特　点
深中通道	中国	2024 年	24 千米	17.2 千米	公路	集"桥、岛、隧、水下互通"于一体的当前世界上综合建设难度最高的跨海集群工程

我国还有不少重大跨海通道工程处于规划建设中，如渤海海峡跨海通道、深珠伶仃洋通道、台湾海峡通道，以及面向未来的真空隧道、悬浮隧道等一系列代表技术前沿的重大工程项目。在这些未来的重大跨海通道工程建设过程中，我们还将面临众多挑战。一方面，在部分核心"卡脖子"技术方面，我们还需要开展有组织、高水平的科技攻关，做到核心技术自主可控；另一方面，我国跨海通道工程在品质工程建设方面，与发达国家提出的"设计使用寿命 200 年"的高质量目标相比还有一定的差距。因此，面向"十五五"规划和 2035 远景目标，围绕交通强国、科技强国、质量强国等国家战略，依托跨海通道工程开展有组织、高水平的科技创新，关注跨海通道品质工程高质量建设，推动我国交通基础设施独立自主科技创新和平安百年品质工程建设，是现阶段的重要研究课题。

1.4　沪舟甬跨海通道建设的需求与特点

1.4.1　创新驱动发展战略下沪舟甬跨海通道的科技创新

党的二十大报告强调，应优化基础设施布局、结构、功能和系统集成，构建现代化基础设施体系。作为引领世界的超级工程和支撑长三角区域一体化发展的标志性跨海通道，沪舟甬跨海通道的规划建设是推动长三角区域一体化高质量发展的重要举措，也是以中国式现代化推动中国特色社会主义现代化建设的必由之路。

沪舟甬跨海通道作为超级跨海集群工程，其规划建设中也面临着众多世界级建造难题，而这些难题背后，蕴含着一项项核心技术的自主攻关、自主创新。科技自立自强是国家强盛之基、安全之要。核心技术必须走自主创新的发展道路，这是创新驱动发展战略下推进科技强国建设的必然要求。

党的十八大以来，以习近平同志为核心的党中央高度重视科技创新，深入实施创新驱动发展战略，完善国家创新体系，我国科技实力正从量的积累迈向质的飞跃、从点的突破迈向系统能力提升，为经济社会平稳健康可持续发展提供了战略支撑。实施创新驱动发展战略是我国跻身创新型国家前列的内在要求，也是实现高水平科技自立自强的必然选择。

港珠澳大桥集桥梁、隧道和人工岛于一体，创立"大桥标准"，建成世界最长跨海大桥；深中通道集"桥、岛、隧、水下互通"于一体，创造多项世界之最；大连湾海底隧道首次采用干坞法施工，创造绿色建造与智能建造的新高度……沪舟甬跨海通道站在一众国家重大跨海通道"超级工程"的肩膀上，更应勇攀新高峰，推动体制机制创新、工程管理机制创新、工程技术创新，以高质量、高水平科技创新助力科技强国建设。

1.4.2 质量强国战略下沪舟甬跨海通道品质工程标杆建设

质量是人类生产生活的重要保障。党的十八大以来，在以习近平同志为核心的党中央坚强领导下，我国质量事业实现跨越式发展，质量强国建设取得历史性成效。建设质量强国是推动高质量发展、促进我国经济由大向强转变的重要举措，是满足人民美好生活需要的重要途径。

强基础利长远。服务国家重大战略，推动经济社会高质量发展，重大工程项目是重要牵引和支撑。重大工程是经济发展的"压舱石"，在基础设施建设领域发挥着"顶梁柱"作用，跨海通道工程作为国家"超级工程"更是如此。港珠澳大桥主体工程创下多项世界之最，工程质量等级和综合评价等级均为优良，打造了一座"精品工程、样板工程、平安工程、廉洁工程"；深中通道海底隧道作为世界最长最宽钢壳混凝土沉管隧道，实现多个世界首创，为品质工程树立了榜样；大连湾海底隧道作为国内首例"实体＋数字"双产品交付的沉管隧道工程，创下我国乃至世界沉管隧道施工史上多项"第一"

和"之最",为世界沉管隧道建造贡献了中国力量。

沪舟甬跨海通道作为国家沿海通道的重要组成部分,以及长三角一体化的世纪性、标志性工程,致力于打造长三角一体化高质量发展的交通样板,更应再创新成绩,依托工程建造探索现代工程建设质量管理体系的建设道路,实施建设工程质量管理升级工程,加强先进质量管理模式和方法高水平应用,努力打造成跨海通道品质工程标杆。

2

沪舟甬跨海通道建设的
困境分析与解决路径

作为长三角地区一项重大标志性基础设施工程,沪舟甬跨海通道建设具有重要的战略意义,既是推动长三角区域一体化的重要载体和支撑,更是质量强国、科技强国建设的必由之路和重要举措。然而,沪舟甬跨海通道建设面临着诸多亟待解决的问题与挑战。沪舟甬跨海通道这类大型跨海通道建设具有建造环境特殊、施工工艺复杂、施工组织难度较大、施工安全隐患较多、运维养护要求较高等特点,其建设技术含量很高,极具挑战性。所以,认识到沪舟甬跨海通道建设的困境,探索有针对性的解决路径,是推动沪舟甬跨海通道建设的必要手段。

2.1 沪舟甬跨海通道建设科技创新技术管理的困境与解决路径

2.1.1 科技创新技术管理的现实意义

沪舟甬跨海通道建设的难点众多。沪舟甬跨海通道位于杭州湾区域,连接上海、浙江宁波和舟山。其中,舟山区域的洋流、海底环境复杂程度高,且涉及深水港(以舟岱通道为例,该工程所用钢管桩均长达 110 米),因此舟山区段工程难度远大于宁波区段。相较于十多年前,杭州湾区域的地质、水文、海事情况发生了显著的变化。目前杭州湾南部滩涂区淤积较为严重,且存在涌潮的问题,区域的海洋水文环境有待进一步研究。同时,相较于已建成的杭州湾大桥,沪舟甬跨海通道的建设位置更靠近外海。因此,杭州湾大桥项目中积累的技术和经验成果能否适用于沪舟甬跨海通道的建设有待考证。

为了适应新的区位条件、建设需求和标准，从实际出发的技术探索和创新是沪舟甬跨海通道建设的必然要求和重要支撑。本项目围绕跨海通道建设科创技术管理开展研究，以高效的科技创新支撑沪舟甬跨海通道高质量建设。通过对港珠澳大桥、深中通道、大连湾海底隧道、六横公路大桥、舟岱大桥等跨海通道典型工程进行实地调研，获取了跨海通道建设科技创新相关的第一手资料，从而对跨海通道建设技术管理的现状进行梳理，分别从技术创新主要目的、技术创新理念与动机、技术管理形式等角度进行深入的分析。

1) 技术创新主要目的

其一，吸取已有案例的经验，着力解决已经在别的项目中出现过的问题，避免重蹈覆辙。以跨海大桥的桥墩冲刷问题为例，该问题在杭州湾大桥、东海大桥的建设与运营中对工程安全产生了显著的负面影响。受大桥海域泥沙输送大环境改变、区域水流速度快的双重影响，东海大桥 205 个桥墩下部出现了冲刷坑，导致桩基入土深度减少，桥体结构安全受到威胁，如图 2-1 所示。

图 2-1 东海大桥桥墩冲刷问题

相关研究发现，细粉沙地层被冲刷深度至 7 米左右，但东海大桥桥墩的冲刷问题随着时间推移有越来越严重的趋势，最深达 10 米，可见离线。因此，桥墩冲刷问题是沪舟甬跨海通道建设中必须通过创新技术和措施来解决或避免的问题之一。专家分析,外部环境变化导致长江含沙量降低,进而造成工程实验期与运营期的服役条件不同,这可能是导致桥墩冲刷问题被低估的原因之一。应对桥墩冲刷问题,可以参考相关研究及国外案例,在设计和施工阶段采取一定的防护措施,例如应用抗冲刷的混凝土,或结合"群桩—承台—桥墩"整体结构对波流场产生的影响,减缓波流力对跨海桥梁的各个结构产生的不利影响等。面对东海大桥桥墩的冲刷问题,中交第三航务局有限公司建设团队通过前期试验工程和应急抢险工程总结经验,发明了斜向溜筒抛石工艺,研发了国内唯一适用于桩群内冲刷坑回填材料抛填的专用设备——斜向溜筒抛石船,形成了一整套适用于外海群桩区冲刷坑防护施工斜向溜筒抛填施工工艺,从而保证桥墩结构的稳固。

其二,针对项目的特殊建设条件和建设需求,充分预判并有效应对可能发生的新问题。例如,为了满足工期建设要求,港珠澳大桥建设中首创外海深插超大直径钢圆筒快速筑岛技术;为了满足寒冷地区海工混凝土结构百年耐久性要求,大连湾海底隧道建设团队建立了大连寒冷地区海洋环境混凝土结构百年寿命预测理论模型;为了打开国家级文物镇远炮台与宏远炮台之间的通视廊道,以及跨越亚洲浆纸业管廊,在六横公路大桥建设过程中,其主桥采用了五跨连续不等跨预应力混凝土连续刚构,并且其小浃江大桥线位位于曲线半径为 1 890 米的圆曲线及缓和曲线上,是目前国内建设条件最为复杂的多跨不等跨曲线连续刚构,如图 2-2 所示。

桥梁与文物本体的距离

图 2-2　六横大桥不等跨曲线连续刚构

（资料来源：六横大桥项目部报告材料）

2）技术创新理念与动机

目前,跨海通道建设项目科技创新的总理念是"需求引导创新",即因地制宜开展创新。除此之外,吸取已有项目的经验教训,解决已出现的问题,以及满足国家管控(如环保)新要求等,也是项目技术创新的来源和动力。例如,在大连湾海底隧道的建设过程中,曾因政策调整导致原围填海方案无法获批,从而面临原入海口设计方案无法实施的困难情况。为了解决此问题,该项目于 2018 年停工一年,集中力量开展科技攻关,对原入海口设计方案进行改进,提出了"主体＋防撞结构透水"的创新性解决方案,如图 2-3

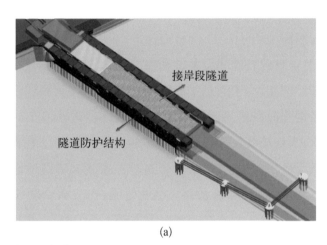

(a)

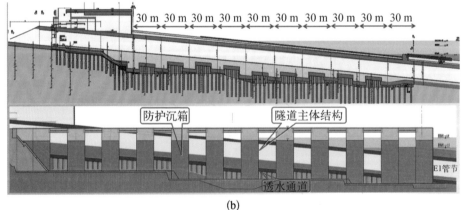

(b)

图 2-3 海底隧道"主体＋防撞结构透水"设计

(a)隧道防护结构设计;(b)隧道主体基础结构设计

(资料来源:大连湾海底隧道项目部报告材料)

所示。该入海口改进设计方案于 2019 年通过审批并开工建设,在大连湾海底隧道工程建设推进中将"不可能"变为"可能"。

发展至今,跨海通道的技术体系已经迈入相对成熟的阶段,在结构体系、材料等方面很难有突破性的进展,因此更现实的技术创新方向在于:① 土木工程子领域间的技术迁移,如将建筑领域相关结构的成熟技术迁移应用到桥隧工程中;② 针对特定工程中新难题进行技术研发和创新;③ 研究工业化的建设标准和方式(如装配式技术),形成可复制的成果,以促进行业发展。

3) 技术管理形式

目前,跨海通道建设项目的科技创新技术管理形式已经初具雏形,但一套成体系的、可复制可推广的技术管理模式仍有待提出。跨海通道建设项目的科技创新工作贯穿工程的全生命周期,一般分阶段开展。在项目前期,应开展科技创新策划与储备工作。首先提出科技创新的指导思想;其次对跨海通道所在区域自然社会环境进行充分的勘察,并对相关类似工程项目进行充分调研和学习,提炼重点技术难题;然后,形成跨海通道建设中的技术创新专题,与高校、科研机构等合作开展技术攻关。图 2-4 展示了杭甬高速复线三期工程项目前期开展的智能化管理技术研发情况。在项目建设

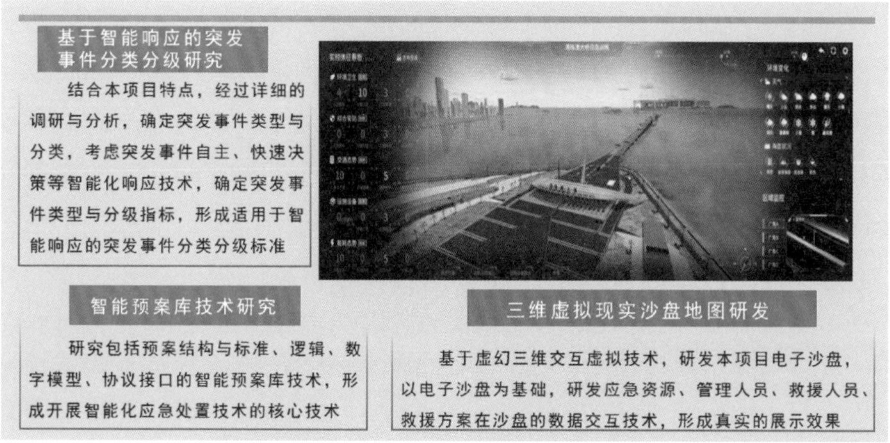

图 2-4 杭甬高速复线三期工程项目前期智能化管理技术研发情况

(资料来源:杭甬高速复线三期工程项目部报告材料)

期,与跨海通道建设同步推进科技创新工作,通过理论分析与现场试验相辅相成的方式,实现创新技术的研发、验证和落地应用。在项目运营期,搭建或继承跨海通道工程的数字化模型和数字化管理平台,围绕跨海通道智能化的运维管理开展技术创新工作。

特别需要指出的是,目前跨海通道建设中科技创新技术策划的前瞻性还没有得到充分的重视。尽早开展基于全生命周期视角的科技创新技术策划工作,能够促进跨海通道建设期间科技创新工作有序、高效地开展,促进技术成果在项目全生命周期中延续,有利于项目运营效率的提高和质量安全得到保障。以六横公路大桥为例,该项目二期工程于 2022 年 11 月开工建设,但在 2013 年就开始了该项目科研总体策划。六横公路大桥二期工程具有"两大、三难、四新"的特点:"两大"——拥有双屿门大桥和青龙门大桥两座世界级的桥梁。"三难"——建设条件复杂,施工组织难;桥梁跨径大,结构新颖,施工控制难;地处外海,通行危险化学品,运营维护难。"四新"——新结构(索塔型钢劲性骨架组合结构,悬索桥抗风主梁新结构)、新材料(国际首创双相不锈钢锚固系统)、新工艺(大直径管柱基础绿色施工技术)、新理念(建立数字孪生平台,打通建管养全过程)。针对以上特点提出了包括大跨径桥梁抗风性能保证措施、基于海洋环境的桥梁耐久性提升技术、超大跨度桥梁结构体系研究、海域桥梁快速化施工和防灾减灾技术等四个方向的科研创新规划,并联合高校、科研院所等单位开展深入研究,为大桥的顺利建设打下了坚实的基础。由此可见,在跨海通道建设项目前期(工程可行性研究阶段,乃至更早)启动项目科技创新技术规划工作并付诸实施,不仅能够解决自身建设中的技术难题,也可以开展前瞻性的研究,对未来跨海通道(如台湾海峡通道)建设进行技术储备。

2.1.2　科技创新技术管理问题识别与分析

基于沪舟甬跨海通道的区位特点与工程特色,结合理论分析和实地调研,识别、分析目前跨海通道科技创新技术管理存在的问题,进而提炼出沪舟甬跨海通道建设中科技创新技术管理方面的困难和挑战,具体内容如下所示。

1) 关键技术的定位不系统、不及时、不明确

沪舟甬跨海通道建设需求紧迫,且技术难度高、施工工艺复杂,工程建设的关键核心技术尚未明确,如何在有限的时间内实现关键技术的精准定位和创新突破,是该项目科技创新技术管理所面临的首要挑战。

因为跨海通道建设涉及多学科且复杂的工程技术问题,需要持续投入跨领域合作,所以关键技术的定位重要性显著,关系到在跨海通道建设中科技创新资源的分配问题,进而很大程度上决定了科技创新工作效率和收益。一方面,在以往的跨海通道建设过程中,关键技术的研发工作较为零散,各参建单位之间缺乏协调,缺少全局视角下对工程技术创新的需求和重点的把控,导致技术研发工作的重心不够明确、方向不够清晰,技术研发工作缺乏整体性和系统性;另一方面,目前跨海通道建设中关键技术定位工作相对滞后,在工程可行性研究及更早的阶段,关键技术的统筹与研究储备不足,未能对后续工程的建设起到积极的引领作用,有悖于高效科技创新的目标。综上,如何在项目早期准确地识别出工程建设中先进的、有成效的核心关键技术,是沪舟甬跨海通道建设科技创新技术管理所面临的主要挑战之一。

2) 分类分层的技术应用与发展对策有待凝练

目前,沪舟甬跨海通道项目尚处于内部的技术研究阶段,其建设的相关技术具有种类繁多、涉及领域广泛、复杂度高、创新程度不一等特点。如何结合国内外案例及建设经验,提炼出有重点、多层次的技术应用与发展路径,进而保障技术比选与论证工作的高效开展,是沪舟甬跨海通道建设科技创新技术管理所面临的关键问题之一。

在大型跨海通道项目中,为了提高技术研究与应用的效率和效益,技术成熟度,即一项科技成果的技术水平、工艺流程、配套资源、技术生命周期等方面所具有的产业化实用程度,应作为技术类别的重要划分依据。目前,技术成熟度的概念已被初步应用于科技创新技术管理中,例如,六横公路大桥项目把科研课题按技术成熟度(含创新度、集成度)分成三级,开展有侧重性的技术管理工作,如表 2-1 所示。然而,目前对技术的分层分类管理,主要体现在分管部门层级和监管力度的差异化上,尚未落实到具体的技术研发和应用策略制定上。因此,进一步凝练分类分层的技术应用与发展对策是

高水平科技创新和效率成果转化的重要保障。

表 2‑1　基于技术成熟度的科技创新技术管理办法(以六横公路大桥为例)

技术成熟度	技 术 特 征	技术管理方法
一级	项目原始创新:具有关键性意义和推广潜力的全新技术	由工程建设指挥部直接牵头、立项,列入品质工程的重点攻关清单
二级	集成提升创新:对已有技术的优化和集成	由参建单位提出,科研管理团队做细化分类,并开展过程管理;同时,纳入工程建设指挥部的定期考核管理范畴
三级	其他课题/一般性课题:工法、专利等	由科研管理团队定期督促

3) 长周期、多领域视角下,对技术间交叉与协同的统筹规划不充分

作为长三角区域的一项重大交通基础设施项目,沪舟甬跨海通道工程的复杂性体现在:第一,紧随港珠澳大桥等重大跨海通道工程的步伐,探索并追求超越百年的设计使用寿命的工程建设目标;第二,联通沪舟甬三地,涉及土木工程、交通工程、能源工程等多领域的前沿科技发展应用和交叉协同问题。

对多项已建成和在建的具有代表性的跨海通道工程调研发现,目前的跨海通道工程在一定程度上考虑了中长期的规划,主要体现在百年寿命的主体结构设计和新材料应用等方面,但上述规划大多从单一学科角度出发,缺乏系统性视角下对长期多领域技术交叉与协同的统筹规划。例如,同一海域内跨海通道线位选择(交通)与海上风电场选址(能源)的区域规划问题。目前,杭州湾海域的风电建设如火如荼,极大地压缩了跨海通道的建设空间,如何尽早统筹该海域的空间规划布局,做到资源禀赋的最优化分配和利用,是沪舟甬跨海通道建设早期面临的关键问题之一。

2.1.3　科技创新技术管理问题的解决方案

为了有效应对上述跨海通道科技创新技术管理中面临的问题和挑战,

在沪舟甬跨海通道建设的战略研究阶段,有针对性地提出如下解决方案。

1) 构建沪舟甬跨海通道科技创新技术管理模式

科技创新技术管理模式的构建,能够助力解决创新目标合理拆解与分配、创新成果整合与落地等问题,并优化研发资源配置,推动工程技术的进步和管理水平的提高,从而提升跨海通道建设的整体项目质量和效率。本书通过调研分析典型大型跨海通道建设的科技创新技术管理情况,提出一套结构化、可复制、可推广的大型跨海通道建设科技创新技术管理模式,从而为辨析相关技术在跨海通道建设全局中的定位,厘清创新型技术的层级和关系,优化现有技术管理模式提供支撑和依据,实现对跨海通道建设工程技术系统化梳理、精确化定位和差异化应用。

2) 识别沪舟甬跨海通道建设的核心关键技术

一方面,通过对现有重大跨海通道工程的走访调研及与相关专家的座谈,搜集并梳理当下跨海通道建设中重点关注及未来应重点关注的核心关键技术。另一方面,面向未来的交通方式和发展可能性,深入探究长寿化、机械化、绿色化、智慧化等关键技术研发导向,预留跨海通道全生命周期的"盘活余地"。例如,自动驾驶技术的发展将为未来交通方式带来极大的变革,在此前提下,需考虑研究车路协同技术,以推动解决在恶劣气候条件下跨海通道的通行安全问题,提高跨海通道韧性。进一步地,基于所构建的大型跨海通道建设科技创新技术管理模式,对所识别的核心关键技术进行深入分析,为项目前期科研策划和技术研发工作的开展提供指导性的支撑。

2.2　沪舟甬跨海通道建设科技创新组织管理的困境与解决路径

2.2.1　科技创新组织管理的发展现状

在大型工程项目建设中,科技创新组织管理承担着管理科研技术、有效配置资源、制定规章制度、划分工作部门和责任范围、推动项目高效顺利进行的重任。目前,在跨海通道工程建设过程中,一套成型的科技创新组织管理办法已经形成：首先，在可行性研究阶段进行项目科技创新规划，以工程需求为导向，找到创新关键点和技术难点，明确创新技术应用目标；其次，开展前瞻性研究，通过理论分析与现场实验相辅相成，聚焦创新研发，提前攻克技术难关，为未来跨海通道建设进行技术储备。在科研管理制度方面，目前已经初步建立"一个体系、一套规则、一组班子、分级管理"的科技创新组织管理制度。

"一个体系"，即依托跨海通道工程建设项目，将所有相关科研课题集成为一项大型科研课题体系，按照具体内容可细分为防灾减灾与结构耐久、海域桥梁/隧道工业化快速施工、环境敏感区域绿色建造、复杂项目工程管理等多类子课题。

"一套规则"，即依托跨海通道工程建设项目，制定一套综合科研管理办法，包含组织设计管理办法、技术管理办法、采购管理办法等，用以指导和规范科研过程管理。

"一组班子"，指的是由工程建设指挥部牵头，邀请设计单位、施工单位、高等院校及科研单位等各参与单位共同组建工程项目科研团队，协同管理、合力推进跨海通道建设的科技创新工作。

"分级管理"，即把科研课题按技术成熟度（含创新度、集成度等）分成三级进行管理。第一级是原始创新科研内容。以六横公路大桥为例，第一级科研课题包含桥梁抗风、型钢索塔、管柱基础、双相不锈钢、建管养的数字化平台（包含对危险化学品的监控管理）标准等，上述课题部分已被列入六横公路大桥建设百年品质工程的重点攻关清单，受到科研团队的重点监督管理。第二级是集成提升创新内容。这主要由参建单位提出，科研管理团队做细化分类，并开展过程管理。这类课题主要由参建单位进行研发，同时纳入工程建设指挥部的定期考核管理范畴，双方合作协同推动课题的研究。第三级是其他课题，或者一般性课题。这主要由科研管理团队定期督促课题承担单位开展研究工作。

然而，对于沪舟甬跨海通道工程建设项目而言，由于其涉及的单位、企业和政府部门数量众多，加之其采用分段建设的方案，造成每个建设段都有一个工程建设指挥部，即存在多个工程建设指挥部的情况，导致现有的"一个体系、一套规则、一组班子、分级管理"的科技创新组织管理制度难以满足其工程建设的科技创新要求,可能会导致多个工程指挥部在建设过程中各自采取独立的行动,进而可能会引发协同指挥的时效性问题和协调上的困扰。

2.2.2　科技创新组织管理的挑战与难题

目前的跨海通道建设工程科技创新组织管理体系已初步建立,但是距离"以高水平科技创新引领中国式现代化"的终极目标,还有一部分难题有待后续解决,具体如下所示。

1) 缺乏对区域发展基础与特色的考虑

沪舟甬跨海通道作为跨区域的重大基础设施项目,是加强长三角区域科技创新体系建设的重要载体。同时,区域创新体系也是国家创新体系的重要组成部分。因此高效的跨海通道建设科技创新组织管理体系,可以助力打通区域内科技创新主体、创新资源和创新环境之间的关联通道,从而促进区域内新知识和新技术的生产、流动、交换、更新和转化,满足供给侧和需求侧双向创新需求,进而形成创新链、产业链、人才链深度融合的科技创新开放网络体系,构建起各具特色的区域创新体系。

以往的跨海通道建设科技创新组织管理体系,多以跨海通道工程项目为基础,围绕跨海通道工程建设的实际需求与工程参建单位的组成,构建相应的科技创新组织管理体系,而对于跨海通道工程所在区域内的经济社会发展情况,以及跨海通道建设科技创新与跨海通道所在区域的科技创新之间的影响机制则缺乏考虑。

在区域创新生态系统理念下,需要用区域创新生态系统的视角对跨海通道建设的科技创新进行分析,即将跨海通道建设的科技创新需求与跨海通道所在区域的基础条件与特点相结合,考虑该区域的战略规划、发展基础、科技创新发展现状及未来趋势等,深入分析二者在科技、人才、产业等方面的相互关系,提出跨海通道建设科技创新与跨海通道所在区域创新生态系统共赢的意见和对策。

2) 缺乏跨区域合作与协调机制

一方面,沪舟甬跨海通道工程与港珠澳大桥、深中通道等重大跨海通道工程类似,突破了单一行政区域范围,涉及跨区域合作和协调;另一方面,沪舟甬跨海通道工程项目采用分期分段建设的模式,存在多个工程建设指挥部的情况,如何在多个工程建设指挥部、不同省市地区的部门之间开展协同合作,进行统一规划和分配资源,是一个新的难题。

目前的跨海通道建设科技创新组织管理体系中存在行政色彩相对浓厚、协调机制不完善的问题。以沪舟甬跨海通道所在的长三角地区为例,虽然长三角三省一市之间建立了合作交流机制,但是合作交流的计划经济色彩依然存在,市场化机制尚待完善,跨行政区域的统一市场仍未形成,行政区划经济的管理体制在某种程度上仍然具有明显的地方特征。这使得长三角地区的区域创新体系中行政区划壁垒仍然存在,还不能着眼于区域整体开展科技资源的系统规划和整合。同时,由于跨区域的创新要素流动直接影响到地方政府之间的利益关系,长三角区域各地出于各自科技、经济发展的利益需要,还没有形成协同一致与分工合作的机制,在区域科技合作的制度安排方面,以及科技规划的相互衔接、科研计划的相互开放、联合开展重大科技创新、共建创新载体等方面仍旧缺少相应的配套措施,区域科技创新条块分割、科技资源分散的状况尚未得到根本改善。再加上长三角地区诸多城市间行政隶属关系复杂,科技创新要素的流动过程中存在明显的行政壁垒和地方保护主义,人才、技术等创新要素的跨区域流动仍旧存在障碍。特别是各地区对高新技术企业、高新技术成果的认定存在不同的标准,这在很大程度上导致了创新成本的上升和资源的浪费,也严重阻碍了科技创新生产要素的自由流动和合理配置,降低了科技创新的效率。

因此,目前的跨海通道建设科技创新组织管理体系面临工程管理、行政管理的体制机制的创新需求,迫切地需要国家层面相关部门的支持,建立一种全新的科技创新组织管理体制,以促进科技创新要素在大型跨海通道工程中流通,同时依托跨海通道建设推动跨区域协同开展科技创新工作,形成国家级乃至世界级的跨海通道建设科技创新组织管理机制新模式。

3)缺乏科技创新市场化机制

科技创新是实现高质量发展的关键。科技创新可以带来技术进步和产业升级,推动经济结构优化和转型升级。通过引进和消化吸收国际先进技术,加强自主创新能力,培育壮大高新技术企业,推动技术创新和产业融合,可以提升整个产业链的附加值,推动产业的升级和发展。而市场化机制则是科技创新的重要保障。在科技创新过程中,市场化机制能够使科研机构和企业更加关注市场需求,更加注重技术转化和产业化。科技创新需要有市场需求的导向,只有将科技成果与市场需求相结合,才能推动科技创新成果的快速转化和应用。市场化机制还能够激发科研人员和企业家的创新活力,促使他们更加积极主动地投入科技创新,寻求市场机会和竞争优势。

然而,目前的跨海通道建设的科技创新组织管理体系缺乏协同各方建立利益分配和风险分担的机制,资源配置也不符合市场经济的要求。在跨海通道建设过程中,其科技资源配置中市场机制的基础性作用尚未充分发挥,其科技创新协同的法律、政策、制度等层面的长效机制还未建立,其科技创新合作较多地体现在企业和民间层面上,而政府的作用尚未到位。同时,跨海通道建设的科技创新服务体系还不够完善,其技术平台落后、市场意识落后。另外,已建成和在建的跨海通道工程产生的大量科技创新成果仍处于未推广应用的阶段,不仅浪费了大量的科技资源,而且挫伤了研究机构和科技人员的积极性。

4)缺乏长周期、跨专业融合创新

在材料、结构等基础科技领域内未能实现重大颠覆性突破的情况下,目前沪舟甬跨海通道工程在规划、设计、建设、运营等环节的科技创新缺乏突破性发展契机,很难找到科技上的重大突破点,重大科研项目面临诸多策划上的难题。因此,在以工程需求为导向寻找创新关键点的过程中,更应聚焦于跨海通道长周期、跨行业的融合创新,将研究重心投入跨海通道的智慧化、绿色化、精细化建设与养护领域。同时,围绕更加高效、优质、智能、安全地延长跨海通道工程设施使用寿命开展科技创新,以提升跨海通道的施工作业效率与建设和运维的安全性、经济性,以避免跨海通道工程项目在建设完成后出现经济性低、难以收回成本的情况。因此,跨海通道建设科技创新的组织管理,除了关注工程项目未来的设施养护方面外,还要注意建立项目前期、中期、后期的完整科技创新组织管理计划,确保跨海通道全生命周期各阶段的科技创新工作都得到充分关注和规范安排,从而实现跨海通道项目建设目标,并达成经济效益最优化。同时,跨海通道建设的科技创新组织管理还需考虑国家中长期科技创新战略部署,开展面向未来科技(如光伏发电、元宇宙、自动驾驶等先进科学技术)的具有前瞻性、兼容中长期需求的科技创新工作。

2.2.3 科技创新组织管理问题的解决路径

为了有效应对上述跨海通道建设过程中科技创新组织管理面临的挑战,在沪舟甬跨海通道建设的战略研究阶段,有针对性地提出如下解决方案。

1) 识别科技创新组织管理体系核心要素与关键要点,建立健全跨海通道科技创新组织管理机制

首先,通过广泛的文献和资料调研,搜集并梳理当下跨海通道科技创新组织管理体系构建中需要重点关注的核心要素。其次,开展现有重大跨海通道工程的走访调研,并与相关政府部门、企业、专家们开展座谈,明确跨海通道建设科技创新组织管理的关键要点。最后,将上述核心要素与关键要点相结合,从组织主体、科创投入、科技攻关组织、成果转化与推广、人才培养等多方面,构建大型跨海通道建设科技创新组织管理机制,为沪舟甬跨海通道项目前期科技创新组织与策划工作的开展提供指导性的支撑。

2) 构建基于长三角区域科创一体化的沪舟甬跨海通道建设科技创新组织管理体系

大型跨海通道建设科技创新组织管理体系的构建,需要充分考虑跨海通道所在区域的经济社会发展基础及特色,合理整合区域科技创新政策与资源,优化区域科技创新要素配置,加快跨区域科技创新协同体系的建设。沪舟甬跨海通道位于长三角地区,根据《长三角区域协同创新指数 2024》报告,长三角区域协同创新指数从 2011 年的 100 分(基期)增长至 2023 年的267.57 分,其中 2018 年以来的年均增幅高达 9.26%,长三角区域科技创新共同体建设成效初显。因此,可以以长三角区域科技创新共同体的组织架构和管理机制为基础,融合跨海通道建设科技创新组织管理的核心要素与关键要点,构建具有长三角区域科创一体化特色的沪舟甬跨海通道建设科

技创新组织管理体系。据此分析沪舟甬跨海通道建设科技创新在长三角区域科创一体化中的战略定位,厘清不同科技创新资源之间的关系,优化现有的科技创新资源协同机制,实现大型跨海通道建设科技创新科学化、市场化、差异化发展。

2.3 沪舟甬跨海通道品质工程标杆建设困境与解决路径

2.3.1 沪舟甬跨海通道品质工程标杆建设的内涵

沪舟甬跨海通道已经纳入《长江三角洲地区交通运输更高质量一体化发展规划》,其中,沪舟甬公路通道作为 G92 杭州湾地区环线高速公路的组成部分,已纳入《国家公路网规划》(发改基础〔2022〕1033 号),沪舟甬铁路通道已纳入《上海铁路枢纽总图规划(2016—2030)》。沪舟甬跨海通道也是浙江省"十大千亿"工程之一,将成为引领世界的超级工程和支撑长三角区域一体化发展的标志性跨海通道。因此,沪舟甬跨海通道的建设不仅具有工程属性,还具有很强的社会属性。据此,沪舟甬跨海通道品质工程标杆建设也包括工程、社会这两个层面的内涵,如图 2-5 所示。

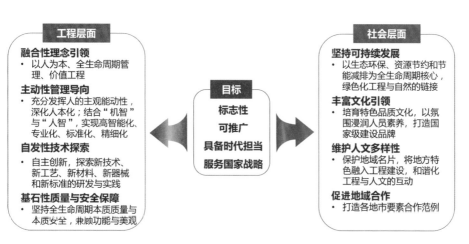

图 2-5 沪舟甬跨海通道品质工程标杆建设的内涵

在工程层面上，沪舟甬跨海通道的建设在满足品质工程、示范工程的要求上，还具备更高的品质要求、更创新的技术、更先进的管理理念。

1）整体的理念引领上，在工程全生命周期中实施人心管理，并深度融合价值工程理念

人心管理来源于人本管理与心本管理的概念，即在以人为本管理方法外，增加人心化手段，考虑人的需求，关注人的发展。由于跨海通道工程施工周期长、施工条件艰苦，因此施工人员的生活与施工作业联系紧密。在施工作业时需要进行人本管理，在平时需要建立培训与沟通机制，提升心本管理程度。通过塑造人的有效品质认知，树立正确的品质观，从而养成优良的品质态度，激发人的潜能；通过社会影响，引导良性社会认知，形成良好的群体质量行为习惯。同时，深度融合价值工程理念，采用注重价值产生的价值管理方法，提升各类工程建设资源的使用价值，即通过优化组织内部架构提升施工作业效率，并通过组织融合与技术创新提升工程建设资源投入的价值。例如，利用工业化生产模式，把控材料品质、规范施工作业，充分发挥技术和机械装备的生产能力，杜绝施工作业过程中的质量隐患，让技术和资源创造更大的价值；使用"机智"和自动化机械，解放人力；投入资源培养和激发人的思考与创造能力，从而创造更高的价值。

2）在项目全生命周管理模式上，采用主动式管理

从人出发，激励人发挥主观能动性，将品质要求融入个人要求中，打造一支具有高品质氛围的建设队伍，实现专业化；充分发挥技术优势，结合工程需要，实施标准化作业；利用"人智"与"机智"的深度融合，实现工程建设的高智能化、精细化。

3）开展无边界、开放性、包容性自主创新

鼓励积极拓展技术边界，通过"理论研究—现场试验—技术应用—反馈整改"的闭环，探索新技术、新工艺、新材料、新器械和新标准的研发，不断提升工程建设的品质。

4）坚守本质安全与本质质量，保障稳定安全生产

在品质工程标杆建设中，本质安全与本质质量具备基石作用。强调从最基本、最基础的地方着手确保工程品质，而工程行为是由人与其他要素互

动产生的,因此需要通过保障人的安全来成就其他安全。

在社会层面上,沪舟甬跨海通道具备强社会效应。作为长三角地区乃至国家的重大工程,沪舟甬跨海通道建成品质工程标杆需要充分考虑社会责任。

1) 坚持走可持续发展之路,不断升级环保要求

沪舟甬生态型跨海大通道建设,是推进长三角区域一体化发展的重要环节。沪舟甬跨海通道建设过程中,要建立绿色目标,时刻关注生态保护、资源节约、节能减排等情况,并不断提升工程的自我要求,最终实现大自然与工程的和谐共存。

2) 培育特色品质工程标杆文化,打造国家级建设品牌

品质工程标杆的建设离不开团队作业,培养工程建设团队中个人的良好品质意识,充分利用良好的品质氛围,浸润个人的品质素养,形成独树一帜的沪舟甬跨海通道品质工程标杆文化,打造具有中国特色的国家级品质工程标杆建设品牌。

3) 保护地域名片,维护人文多样性

由于沪舟甬跨海通道建设具有涉及区域广、施工周期长的特点,因此参与建设的行政区域和队伍较多。对此,沪舟甬跨海通道品质工程标杆建设将充分考虑工程所在区域中各行政区划的地域特色和人文特征,将其融入工程建设中,形成丰富的沪舟甬跨海通道人文特征。

4) 发挥地域供应链优势,促进地域合作

长三角地区拥有完整的工程要素供应链,在沪舟甬跨海通道品质工程标杆建设过程中,需充分发挥长三角地区供应链完整的优势,促进要素流通,打造长三角地区各地市要素合作的范例。

2.3.2 沪舟甬跨海通道品质工程标杆建设困境分析

沪舟甬跨海通道具备工程属性和社会属性,并且其社会属性具有很强的外在表现色彩,加之沪舟甬跨海通道位于长三角地区,因此,沪舟甬跨海通道品质工程标杆建设必然具有长三角一体化的特点。对此,有以下三个问题亟待回答。

（1）沪舟甬通道品质工程标杆的建设路径是什么？如何更经济高效地开展建设？

采用什么样的建设路径？这是沪舟甬跨海通道建设成为品质工程标杆需要回答的首要问题，也是提纲挈领的思路性问题。品质工程标杆区别于品质工程，更强调其社会属性和工程建设的经济、高效、环保低碳等可持续发展特点。因此，品质工程标杆建设的路径不仅要考虑这些特点，还需要考虑如何最大化建设投入的产出。

沪舟甬跨海通道不仅是长三角区域的标志性工程，更是国家级工程的又一力作。因此，需要考虑综合利用长三角一体化的优势，开展跨区域、跨组织的通力合作，利用系统思维将沪舟甬跨海通道品质工程标杆的建设路径进行深入分解，从"微系统—中系统—巨系统—宏系统"的角度，综合考虑资源、人员、技术、机制等方面的凝结和融合。然而，这种融合如何实现还需要一个明确的答案。

（2）沪舟甬跨海通道品质工程标杆建设具有哪些建设基础？

沪舟甬地区具有良好的资金优势和扎实的技术基础。长三角地区的科研投入一直处于国家前列，再加上成熟的专利交易平台，使得长三角地区的技术优势十分凸显。此外，成熟的人才聘用和留用机制、丰富的教育资源，让长三角地区形成"挖掘人才—培养人才—留住人才—人才使用—人才再培训"的闭环。因此，资金优势、技术优势和人才优势是沪舟甬跨海通道品质工程标杆建设的三大建设基础。但对于建设沪舟甬跨海通道这类大型跨海通道工程，长三角地区的经验还不丰富，仍需要借鉴其他地区既有经验和先进团队的辅助，这是沪舟甬跨海通道品质工程标杆建设的第四大建设基础。综上，如何通盘考虑这些建设基础，并将它们应用到沪舟甬跨海通道的建设实践当中来，是待解决的问题。

（3）沪舟甬跨海通道品质工程标杆建设如何借助长三角一体化的优势？

毫无疑问，利用好长三角一体化的优势，将极大地助力沪舟甬跨海通道品质工程标杆的建设。长三角一体化下应运而生的行业机构、政府管理机构和共同的研发机制等，均为沪舟甬跨海通道品质工程标杆建设打下了坚实的基础。然而,工程建设不是一蹴而就的,需要各方长久稳定的合作,需要考虑运营的投入产出、权责分配机制等,这是目前沪舟甬跨海通道建设所需要的,也是未解决的问题。

2.3.3 沪舟甬跨海通道品质工程标杆建设困境的解决思路

沪舟甬跨海通道品质工程标杆建设是长三角一体化下的产物,也是长三角一体化深化的需求。为了更好地帮助沪舟甬跨海通道品质工程标杆建设,其建设的整体思路可以遵循"特征分析—基础梳理—机制创造—技术辅助"开展。

特征分析是首要步骤。即分析沪舟甬跨海通道品质工程标杆建设的特点和需求,明确建设的目标和建设体的特点,据此有针对性地设计建设路线。这就需要从沪舟甬跨海通道建设的必要性和原则入手,详细剖析其工程属性和社会属性的要点,逐个攻破。

基础梳理紧随其后。即详细梳理沪舟甬跨海通道建设所具有的人员、资源、合作机制、技术水平、资质等条件。在此基础上,分析其优劣势,从而创建充分发挥其所长并避其所短的有针对性的工作方案。

机制创造是第三步。沪舟甬跨海通道品质工程标杆建设是沪舟甬三地的政府、建设机构乃至工人通力合作的结果。因此,需要充分考虑各方合作的渠道和机制。在此阶段,需要详细分析长三角科技创新共同体、长三角生态绿色一体化等已有机制,并充分发挥既有机制的优势。同时,考虑到沪舟甬跨海通道品质工程标杆建设的技术复杂性和多样性,需要增加试验合作机制,兼顾引入成熟的技术产品和技术开发模式,创造出跨行业、跨区域的稳定合作机制,保障沪舟甬跨海通道品质工程标杆建设的顺利实施。

技术辅助是最后一步。在"人智"引导的基础上"机智"作用才能充分发挥。技术只能在沪舟甬跨海通道品质工程标杆建设中起到重要的辅助作用,并非主导作用。技术辅助主要体现在行政流程的简化、建设水平的提升、装备和设备的研发与应用等方面。因此,需要通盘考虑技术的适用性和使用场景,将其作用发挥到最大,尽量利用技术优势解放人力,将"人"用到更重要的工作中。

科技创新篇

3

沪舟甬跨海通道科技
创新技术管理模式建立

在跨海通道科技创新过程中,科技创新技术管理起到了纲领性的指导作用,是跨海通道科技创新的基础环节。本章从典型案例分析入手,总结归纳跨海通道科技创新技术管理的核心要素,据此创建涵盖全生命周期、专业领域、技术成熟度的科技创新三维技术管理矩阵模式。依托该模式,针对沪舟甬跨海通道分段建设、公铁两用等工程特点,提出以"新理念"引领科技创新,从"新标准""新材料""新结构""新工艺"四大层面推进技术研发的"五新"技术研发导向,梳理其关键核心技术,并给出以迁移引进丰富技术支持、以重点攻关推动技术研发、以核心突破夯实技术底座的跨海通道科技创新技术应用与发展对策。

3.1 技术管理矩阵建立

3.1.1 跨海通道科技创新技术管理案例分析

科技创新技术管理是工程建设中的重要环节,可以提高工程建设的效率、质量、安全和环保水平。我国已在桥梁工程、隧道工程的建设方面取得了举世瞩目的成就,积累了许多大型跨海通道工程建设经验,对其中的科技创新技术管理经验进行总结,这是指导沪舟甬跨海通道建设并提升其科技创新水平的有效途径。本章选择港珠澳大桥岛隧工程、深中通道工程、大连湾海底隧道工程三个桥隧项目为典型案例,对其科技创新工作与技术管理的宝贵经验进行分析和总结。

目前,大型跨海通道工程的科技创新工作贯穿全生命周期,在各个阶段均呈现出不同的技术研发与应用的趋势。

1)设计阶段:全面推进建筑信息模型技术在工程中的综合应用

在设计阶段,利用建筑信息模型(BIM)开展图纸会审、设计优化、工艺推演、可视化交底、工程量统计、临时场地布置、辅助材料计算和土石方计算等工作。深中通道工程和大连湾海底隧道工程均使用了 BIM 技术,如图 3-1 所示,这增强了方案直观性,有助于提前发现施工过程中可能出现的问题,减少建造阶段因设计不合理而造成的返工问题。

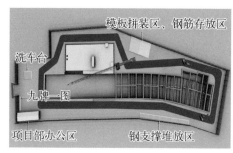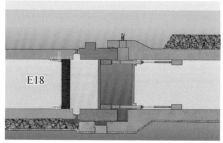

图 3-1 大连湾海隧工程场布设计和工艺模拟图

2)建造阶段:建设智慧工地,突破关键技术

在建造阶段,以 BIM 技术为载体,利用物联网、互联网技术,全力推进信息化与工程建设的深度融合。港珠澳大桥岛隧工程、深中通道工程、大连湾海底隧道工程三个案例均强调了建造过程中信息化平台的建立,有利于全面掌握工程建设情况,保证项目质量安全全面可控。同时,针对建造过程中的难点,根据设计需求和建造环境进行关键技术的突破。港珠澳大桥岛隧工程和深中通道工程的建造过程,均采用了首创的钢圆筒快速成岛技术,如图 3-2 所示;在港珠澳大桥岛隧工程和大连湾海底隧道工程的沉管预制中,工作人员分别攻克了工厂法和干坞法的技术难题。而最终接头的设计施工,港珠澳大桥岛隧工程突破了钢壳制造、高流动性混凝土、吊装技术等关键核心技术,大连湾隧道工程则突破了顶进节段法关键技术。

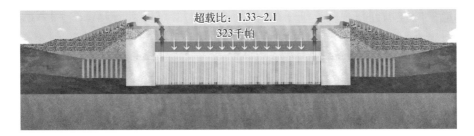

图 3－2 港珠澳大桥钢圆筒快速成岛典型断面图

3）运营阶段：注重数字化和智能化运维

在运营阶段，注重智能化管理、安全管理、数据管理和服务创新等方面的工作。大连湾海底隧道工程开发了数字化产品交互平台和综合运维管理平台，提高了运维管理效率，降低了人力成本，并采用了先进的数据管理技术，对隧道的运营数据进行管理和分析，为运维决策提供数据支持和参考，如图 3－3 所示。

图 3－3 大连湾海底隧道工程数字化产品交互平台和综合运维管理平台

通过梳理分析上述三个案例中的创新型技术可以发现，它们所涉及的技术成熟度各异，成果的创新程度也各不相同，一般可分为：对已有工艺的提升和优化及标准化或对国外成熟技术的迁移应用、对特定工程需求开展因地制宜的技术创新，以及解决"卡脖子"问题的关键技术等。上述类别科创成果的技术创新程度逐渐增加,但是技术成熟度却逐渐递减。表 3-1 展示了上述三个案例中部分创新性科创成果。

表 3-1 典型案例中部分创新性科创成果

技术创新	港珠澳大桥岛隧工程	深中通道工程	大连湾海底隧道工程
对已有工艺的提升和优化及标准化	① 外海深水沉管浮运安装技术集成创新; ② 可逆式主动止水最终接头创新	① 复杂地质条件下超大直径钢圆筒快速成岛技术; ② 高稳健自密实钢壳砼管节智能浇筑和出运技术; ③ 海上长距离非通航孔桥施工技术	基槽水下高精度爆破施工技术
对特定工程需求开展因地制宜的技术创新	① 钢圆筒快速成岛技术; ② 工厂法沉管预制厂建设集成技术创新; ③ 专用装备自主研发创新; ④ 外海深厚软土沉管隧道基础沉降控制创新; ⑤ 半刚性沉管结构创新	① 新型钢壳混凝土组合结构沉管隧道设计技术; ② 海上超高混凝土桥塔工业化建造技术	① 寒冷地区海工混凝土结构百年耐久性; ② 北岸接岸段透水式构筑物; ③ 干坞法大型沉管预制场设计及施工关键技术研究应用
解决"卡脖子"问题的关键技术	数字化技术应用:如 BIM 底层技术		

从以上案例的分析可以看出,从全生命周期的角度和技术的创新程度、成熟度的角度切入,可以对跨海通道项目中复杂多样的技术进行有效的梳理和定位,为创新型技术的分层分类管理提供依据,从而保障沪舟甬跨海通道建设中科技创新工作的高效开展。

3.1.2 科技创新三维技术管理矩阵模式

根据前述跨海通道建设典型案例在科技创新技术管理方面的成功经验,可以总结出构建沪舟甬跨海通道科技创新技术管理模式的核心目标是:通过开展有组织的科技创新活动,实现对沪舟甬跨海通道建设过程中工程技术的系统性精准定位与差异化高效应用,并从中识别出沪舟甬跨海通道建设的"卡脖子"技术、关键核心技术。为了实现该目标,"沪舟甬跨海通道建设战略研究"项目依托系统工程理论中的霍尔三维结构模型,创建了涵盖全生命周期、专业领域、技术成熟度的科技创新三维技术管理矩阵模式,如图 3-4 所示。由图 3-4 可知,该项目将跨海通道建设过程中的工程技术整体视作一个三维矩阵,对其中的技术个体,分别从其所面向的工程全生命周期阶段、所属的专业领域以及技术成熟度的维度进行对照分析,从而精确把握单一技术在技术整体中的定位,为技术的差异化应用提供依据与支撑。

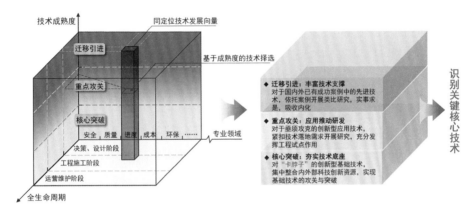

图 3-4 科技创新三维技术管理矩阵

从全生命周期的维度看,定义工程全生命周期由决策、设计阶段、工程施工阶段与运营维护阶段组成。依据技术所面向的工程全生命周期阶段,评估该技术在全生命周期轴上对应的位置或区间。例如,桥梁结构形式及其具体施工工艺归属于工程施工阶段,BIM 技术等数字化过程管理技术则可能是贯穿于工程全生命周期各个阶段的。

从专业领域的维度来看,技术所属专业领域包括安全、质量、环保、工期、成本等。依据技术应用的主旨及核心保障目标,评估该技术在专业领域轴上对应的位置或区间。例如,数字化施工安全监控系统、隧道结构健康监测技术等属于安全领域;创新性钢结构涂层材料技术、智能混凝土浇筑施工技术等属于质量领域;寒区隧道节能技术、隧道噪声控制技术等属于环保领域。

从技术成熟度的维度来看,"沪舟甬跨海通道战略研究"项目关注三类成熟度不同的技术。

（1）需要迁移引进的技术。对于国内外已有成功案例中的先进技术，应以引进、吸收、应用、再创新为目标，依托成功案例开展类比研究。即结合沪舟甬跨海通道区位特点和工程特色，实事求是，将此类技术吸收内化为适用于沪舟甬跨海通道建设的支撑性技术，实现因地制宜的科技创新。

（2）需要重点攻关的技术。对于亟须攻克的创新型应用技术，应依据"应用推动研发"的方针，紧扣技术落地需求开展研究，充分发挥沪舟甬跨海通道工程的试点作用，实现研发与应用并行共举。例如，在港珠澳大桥岛隧工程建设中，面对缩短工期的紧迫需求，建设团队首创了深插大直径钢圆筒快速成岛技术。

（3）需要核心突破的技术。作为核心的基础性的技术，"卡脖子"技术是沪舟甬跨海通道工程建设的技术底座，也是其他技术创新和应用的基石。面临"卡脖子"问题的创新型基础技术，应以夯实技术底座为目标，集中整合工程内部与外部的科技创新资源，协同合作、联合推进，实现基础技术的攻关与突破。

在沪舟甬跨海通道建设关键核心技术的评估和筛选中，从实际需求出发，通常可以明确技术所面向的全生命周期阶段及其所属专业领域。基于"沪舟甬跨海通道战略研究"项目创建的如图 3-4 所示的科技创新三维技术管理矩阵，当以上两个维度确定时，即可获取"同定位技术发展向量"，该向量将同一个生命周期阶段、同一个专业领域的技术按照成熟度的高低进行排列；进而，在该向量中基于成熟度进行技术选择，从三类成熟度不同的技术中，识别出沪舟甬跨海通道建设中的关键核心技术，并开展有针对性的差异化应用，助力沪舟甬跨海通道建设中科技创新工作高效推进。

3.2　关键核心技术梳理

3.2.1　跨海通道关键技术创新研发导向

在杭州湾大桥、东海大桥、港珠澳大桥、深中通道等跨海通道的建设支撑下,我国跨海通道的设计、建造、运营等技术取得了举世瞩目的成就。沪舟甬跨海通道是在新时代背景下的助推长三角区域一体化发展的重大标志性基础设施项目,应该在战略研究阶段,尽早开展技术创新策划工作,明确其关键核心技术的布局和研究方向。

　　沪舟甬跨海通道具有分段建设、公铁两用等工程特点,目前该通道的桥隧形式和线位方案尚未明确。"沪舟甬跨海通道战略研究"项目基于案例研究及实地调研的成果,聚焦于"高品质"和"长寿命"的建设目标,总结并提出"五新"技术创新研发导向——以"新理念"引领科技创新,从"新标准""新材料""新结构""新工艺"四大层面推进技术研发,如图3-5所示,为跨海通道科技创新工作的开展提供重要支撑。

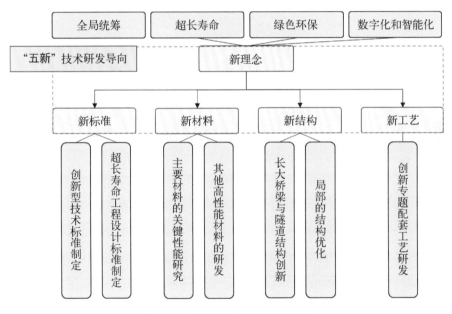

图3-5 "五新"技术创新研发导向

　　1)新理念

　　"新理念"主要指基于绿色环保、数字化和智能化、超长寿命、全局统筹等引领的创新型技术研发和应用的先进理念,以推动跨海通道高质量建设为主要目标和最终目的,是跨海通道技术创新的指向标,也是推动跨海通道技术发展与迭代的源动力。

首先,在绿色环保方面,我国自然资源部指出,高质量的核心内涵在于"绿色发展"。为推动绿色发展,促进人与自然和谐共生,应谋划跨区域的"绿色合作",推进沪舟甬生态型跨海大通道建设。相关技术创新工作包括绿色施工的实现、绿色能源技术的应用等,如图3-6所示。

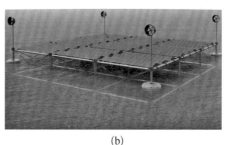

(a)   (b)

图3-6 绿色能源技术示例
(a) 风力发电;(b) 风能、太阳能、波浪能集成收集装置

其次,数字化和智能化是跨海通道建设技术创新的重点所在,也是土木工程领域的前沿热点。要将遥感、BIM、数字孪生、物联网、计算机视觉、智能传感器等多类型、多功能的智能化技术集成运用到跨海通道的全生命周期管理中。其中,如何保障数字化资产在工程全生命周期的延续性,如何兼顾数字化建设与运维技术应用的效率与成本,如何做到实时可靠的安全智能检测与预警……这些都是跨海通道建设科技创新亟待解决的问题。

再次,超长寿命是大型跨海通道工程的发展趋势。我国以大型跨海通道为代表的交通基础设施经过了40多年的高速发展,在技术、装备、管理方面积累了很多经验,工程设计、施工和运维水平已经具备了再上新台阶的基础。目前,有不少发达国家开展了桥梁工程长寿耐久性研究和具体工程推进实施,提出了设计使用寿命为200年的目标。而我国当前跨海通道工程的最长设计使用寿命是120年,如港珠澳大桥,其与发达国家的工程长寿耐久性目标仍有不少差距。所以,需要将超长寿命理念引入大型跨海通道全生命周期建设与运维中,引领大型跨海通道工程建设的科技创新技术管理工作,以实现我国大型跨海通道工程"百年工程"的目标。

最后,全局统筹推动开创大型跨海通道建设科技创新新局面。一方面,大型跨海通道往往跨越了多个行政区域,不同区域的利益诉求不同,使得大型跨海通道建设面临区域利益矛盾冲突的问题。同时,大型跨海通道与养殖海产品、架设海上风电场、铺设海底电缆管线等,往往会发生海域使用冲突,从而导致大型跨海通道建设面临部门利益矛盾冲突的问题。另一方面,大型跨海通道建设具有跨度大、水动力状况复杂、施工难度大、技术要求高、投资总量大等特点,其建设技术风险与难度极高,并且绿色环保、数字化和智能化、超长寿命等需求对大型跨海通道建设技术提出了更高的要求。为破解上述难题,需要引入全局统筹理念,协调各方利益,形成合力,构建大型跨海通道建设科技创新技术的整体性、全局性的顶层设计,推动大型跨海交通规划、设计、建设和运维的前瞻性技术储备研究,在解决"卡脖子"技术问题的同时,建立大型跨海交通建设前沿技术储备库,从而为我国大型跨海交通规划建设提供源源不断的技术支撑。

2)新标准

为满足更大型、更长寿、更复杂的工程建设需求,技术标准的更新与拓展是必然的要求,也是一切技术性创新研发和应用的基础。

一方面,应针对超长设计寿命的工程需求,进行技术标准的适用性和可行性研究。在我国现行的规范和标准中,桥梁工程的设计使用寿命最高为100年。自杭州湾跨海大桥在国内第一次明确提出了设计使用寿命大于等于100年的耐久性要求后,更多工程开始探索并追求超越百年的设计使用寿命。结合国内外重要基础设施的研究,沪舟甬跨海通道拟将设计寿命提高到200年。因此,有必要对原规范中的荷载标准、分项系数、组合系数、安全系数等基于可靠度理论进行重构与取值研究。

另一方面,技术的标准化是技术发展的终极目标,应研究并制定与创新型技术相对应的新标准。由于各异的区位条件和建设目标,许多跨海通道工程基于工程建设实际,编写针对特定项目的标准,或进一步总结编写行业专项技术标准。例如,大连湾海底隧道随工程建设的推进,完成了《沉管隧道浮运航道设计标准》《大连湾海底隧道建设工程施工及质量验收标准》等标准的编写。再如,作为行业龙头企业,中国交通建设集团有限公司组织编写了沉管隧道等相关标准,目前公司层面的标准编制工作已完成,后续将向省级、国家级等更高层面递送,从而推动跨海通道相关技术成果的推广和应用。

3)新材料

新材料的研发是保障跨海通道工程质量安全的重要基础,也是跨海通道实现重大结构创新、突破设计使用寿命限制的关键性切入点。以悬浮隧道为例,其主体结构不埋置在海床底下,而是通过自身重力、浮力和锚固力悬浮在水中,只有研发出满足性能需求的高韧性高强度特殊结构的新材料,才能保障此类隧道的可行性、安全性和稳定性。

根据大型跨海通道建设的需求,材料方面的创新方向主要有两个:其一,主要材料(钢材、混凝土)的关键性能研究。对于钢材,应研究高强、耐候、长效防腐等性能,以及超长寿命的预应力体系、拉索体系的材料技术和配套技术,以实现低碳节能、长寿耐久的目标。对于混凝土材料,应在混凝土配方、混凝土外加防护层、碳纤维筋的使用等方面开展专项研究和试验,或根据混凝土不同的应用场景进行有针对性的设计与应用研究,例如适用于湿接缝、装配式结构连接件、桥面铺装的高强高性能混凝土等。其二,复合材料、合金材料等其他高性能材料的研发。高性能材料的研发应以满足实际工程中承载力、耐久性、功能性等需求为目标。例如,针对大跨径悬索桥,研发强度更高的缆索以满足承载力要求;又如,研发钢管桩的增强纤维环氧涂装,以满足海洋高盐高湿环境的耐腐蚀要求等。

4)新结构

新结构的研发通常以更大的建设规模、更低的环境影响、更高的结构韧性、更标准化的建设方式等为目标。

在建设规模方面,以超长海底隧道为例,大水深、高水压使得掘进设备、结构防排水等受到了巨大的压力,很多常规技术手段难以应用。为了满足复杂海洋环境下超长距离隧道的布设需求,一方面,应该开展已成熟的隧道结构形式的局部优化研究。例如,采用新型沉井式修筑方法的深水离岸结构的设计与修筑。另一方面,尽管难度较大,全新的隧道结构形式(如悬浮隧道)在我国应用的可能性和实施路径也极具探索价值。以悬浮隧道为例,一旦悬索锚固技术得到实质性突破,悬浮隧道将成为最为经济的水下隧道形式,如图 3-7(a)所示。

在环境影响、结构韧性和建设方式方面,相关技术创新工作包括但不限于低环境影响的透水式接岸新结构、悬索桥抗风抗震主梁新结构、新型防船撞的整体式桩基技术,以及海上桥梁墩柱、梁板、陆域墩柱的标准化设计技术等,如图 3-7(b)所示。

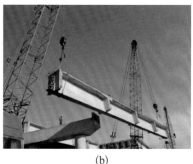

(a)   (b)

图 3-7 新结构相关技术示例

(a) 悬浮隧道示意图;(b) 大型装配式构建施工

综上所述,突破性的结构创新挑战较大,但伴随着极高的收益和价值;而局部的结构优化,是依托具体跨海通道项目能够实现的更实际、更主流的创新形式。

5) 新工艺

在跨海通道建设中,工艺的创新是将设计成果落到实处,保障工程施工质量与运维效率,并切实解决建设中遇到的问题不可或缺的一环。相较于材料、结构等较为基础的、底层的创新内容,工艺创新一般具有实操性强、研发周期较短、按需灵活开展的特点。

一方面,针对大型跨海通道建设中形成的技术创新专题,进行配套的工艺创新和研发。此类工艺创新一般伴随工程建设的推进而开展,有明确的专题技术创新应用目标。它主要围绕技术的落地和应用,采用"理论研究+现场试验"的方法开展研究;以理论为基础、以试验为保障,形成工程或地域特色鲜明、具有推广应用价值的技术成果。例如,大连湾海底隧道工程创建的寒冷地区跨海隧道施工技术等。另一方面,针对项目建设中或建成后遇到的具体问题,如果难以进行大幅度的技术调整,则可以通过工艺创新的方式,采取局部的、附加的调整和优化措施。例如,针对工期紧张的问题,研发桥隧工程快速化施工技术等。

3.2.2 沪舟甬跨海通道关键核心技术识别

基于对宁波市交通运输局、舟山市交通运输局关于沪甬、沪舟甬跨海通道前期研究成果的调研,总结了沪舟甬跨海通道建设的重点技术难题,主要包括以下几个方面。

(1)桥梁方案对通航安全和水文条件影响分析。

(2)外海特大跨径公铁合建斜拉桥、悬索桥的抗风、抗震等性能研究。

(3)大规模海上桥梁施工、运维、管养技术研究(装配化、防腐通风等)。

(4)特长海底隧道关键技术研究(冲刷、沉船、抛锚对结构安全的影响防范技术,人工岛关键技术,通道、排烟、救援等安全保障技术)。

(5)区域设置人工岛可行性及影响分析。

(6)外海特大跨径公铁合建桥梁下,高速铁路运营安全和速度保障研究。

在此基础上,以图 3-5 所示的"五新"为技术创新研发导向,综合对大连湾海底隧道、六横公路大桥、港珠澳大桥、深中通道等多个大型跨海通道建设项目的实地调研和专家访谈结果,对跨海通道建设技术难题进行系统性解析和细化分解,并根据沪舟甬跨海通道的区位特点、分期规划建设和公铁共用等工程建设实际情况,提炼并识别出沪舟甬跨海通道建设的十大关键核心技术,如图 3-8 所示,为打造百年品质、创新引领、绿色环保、耐久可靠的沪舟甬跨海通道工程提供重要支撑。

由图 3-8 可知,沪舟涌跨海通道关键核心技术识别是以"新理念"为引领的。其中,"全局统筹"侧重于工程建设早期,要求在整个建设海域内从更宽泛的全生命周期视角把控跨海通道的规划与建设,与之密切关联的是百年工程/200 年寿命的关键技术和以跨海通道为核心的立体用海技术;"超长寿命"是指跨海通道工程百年乃至两百年使用寿命的目标,需

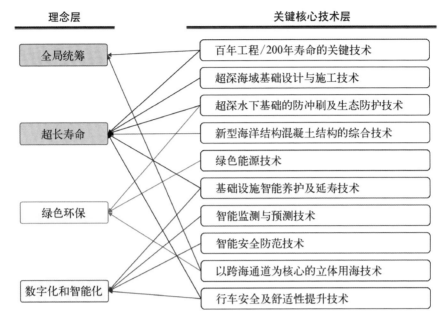

图 3-8 沪舟涌跨海通道关键核心技术

要以多层面的关键技术为支撑,除了百年工程/200 年寿命的关键技术(如桥隧结构的创新)外,还包括超深海域基础设计与施工技术、超深水下基础的防冲刷及生态防护技术、新型海洋结构混凝土结构的综合技术、基础设施智能养护及延寿技术、行车安全及舒适度提升技术等;"绿色环保"主要涉及超深水下基础的防冲刷及生态防护技术、绿色能源技术及以跨海通道为核心的立体用海技术;"数字化和智能化"的关键技术侧重于建设中后期(施工与运维阶段),主要包括基础设施智能养护及延寿、智能监测与预测、智能安全防范等技术,以及行车安全及舒适度提升技术等。

上述十大关键核心技术的具体研发内容简要介绍如下。

(1) 百年工程/200 年寿命的关键技术。

百年工程/200 年寿命目标是跨海通道工程建设的根本性突破,要求实现跨海通道的建设标准、结构体系、材料、配套设施、运维管理等全方位的技术创新和提升,具体内容如下。

超长寿命的新材料、新设施:目前,建造跨海通道的材料、设施的寿命都达不到支撑跨海通道百年工程/200年寿命的目标,需要研制超长寿命的新材料、新设施。

设施、构件、传感器等的低影响更新技术:为实现跨海通道百年工程/200年寿命的目标,需要对寿命到期的设施、构件、传感器进行更新,需要研发对跨海通道运营、智能监测与预测等功能是低影响甚至无影响的更新技术。

超长寿命跨海通道结构体系技术:目前,对于百年工程的结构耐久性问题,已有一定的研究成果,但还未达到200年寿命的要求,需要进一步深入研究。同时,对于具有百年工程/200年寿命的跨海通道的结构体系问题,还未曾开展研究,亟须攻克。

超长寿命跨海通道建造新技术、新工艺:对于具有百年工程/200年寿命的跨海通道,其建造技术、建造工艺与普通跨海通道有重大区别,需要研发超长寿命跨海通道建造新技术、新工艺。

超长寿命跨海通道运营管理新技术:具有百年工程/200年寿命的跨海通道的运营管理,面临众多严峻挑战,需要开展深入研究和探索。

(2)超深海域基础设计与施工技术。

沪舟甬跨海通道所在海域的大部分水域水深在20米以内,部分水域水深大于40米。目前,海洋深水基础的设计、建造技术面临很多挑战,尤其当项目的使用寿命超过120年时,设计经验欠缺,设计规范标准也需要重新编制。另外,当水深超过60米时,蛙人无法工作,只能采用智能机器人施工等,这些都需要进行攻关突破。

(3)超深水下基础的防冲刷及生态防护技术。

根据已建的大型跨海通道工程(如东海大桥、杭州湾跨海大桥等)的运维经验,跨海通道的海底桩周围会遭遇较大冲刷,特别是目前跨海通道的桩基础的直径越来越大,导致冲刷问题也变得越来越严重。跨海通道海底桩的冲刷问题面临发现难、检测难、修复难等众多难题,影响了跨海通道的结构安全和使用寿命,对海洋生态也存在不利影响。因此,需要对该冲刷问题开展技术攻关,包括但不限于近海人工礁盘等"生态培植+桩基冲刷防护"的组合研究,以同时保护桥梁桩基和海洋水下生态;开发海底桩基础冲刷的自动发现和预警技术，以及快速准确获得冲刷深度、快速高效冲刷修复等技术。

（4）新型海洋结构混凝土结构的综合技术。

传统的硅酸盐混凝土因碳化（50年碳化深度可达15～35毫米）、碱性较大对海洋生物产生负面影响，较难满足沪舟甬跨海通道超长使用寿命的需求，需要在混凝土配方（如铁铝酸盐水泥高强混凝土或外加纳米水泥等）、混凝土外加防护层（硅浸或釉涂）、碳纤维筋的使用等方面，开展专项研究和试验，综合提升新型海洋结构混凝土结构的使用寿命。

（5）基础设施智能养护及延寿技术。

要实现沪舟甬跨海通道百年工程/200年寿命的目标，就必须开展跨海通道及其附属设施的智能养护及延寿技术研究，包括研发专业机器人开展跨海通道的智能养护和加固工作。

（6）绿色能源技术。

光伏发电技术：研发可以在跨海大桥的桥墩、塔身、栏杆等处设置的光伏发电装置，同时还应兼顾美观。

风力发电技术：跨海通道所在区域风力资源丰富，可以研发将风力发电装置与跨海大桥的结构构件相结合的技术，在美观的基础上实现风力发电。

海洋流发电技术：根据跨海通道所在区域的海洋流情况，研发将海洋流发电装置与跨海通道结构构件相结合的技术，实现海洋流发电。

（7）智能监测与预测技术。

在跨海通道上布置各类智能传感器，实现对风速、应力、位移、海水腐蚀、结构病害等情况的精确、实时监测（原始数据收集），据此运用人工智能模型开展跨海通道灾害预测（大数据分析），实现类似于汽车的"哪儿有问题哪儿就报警"的功能，为跨海通道运营畅通服务。

（8）智能安全防范技术。

一方面，跨海通道作为重要的基础设施，存在国家（军事）安全风险，如敌方无人潜航器（无人机）的侦察、打击等风险，以及船只碰撞风险，所以需要研发跨海通道的智能安全防范技术，实现全天候、实时的智能安全监测、预警和处置。另一方面,跨海通道在全天候运营中会面临大雾、台风等多种恶劣天气,需要攻克跨海通道区域的恶劣天气的精准预报技术,在恶劣天气来临前及时关闭跨海通道,保证安全运营。

(9) 以跨海通道为核心的立体用海技术。

沪舟甬跨海通道所处海域是沪舟甬三地开展海上航运、海上风电、海洋牧场等多层面海域开发的重点区域,沪舟甬跨海通道的建设将占据较大的海域空间,冲击杭州湾海域原有航道等功能区,同时可能对后续海洋功能区划(海上风电场、海洋牧场等的规划建设)造成广泛而深远的影响。为了促进海洋开发利用活动的合理布局,需要从海域立体分层开发的角度,开展以跨海通道为核心的立体用海技术研究,在保证跨海通道工程原有质量、安全等需求的前提下,结合绿色能源、现代海洋牧场等技术,实现立体集约生态用海。

(10) 行车安全及舒适性提升技术。

跨海通道所处环境条件特殊,雾、霜、雪等天气条件将对行车安全造成威胁,故需要针对跨海通道开展不利天气条件的防护技术研究,如保温防冻材料、防雾涂料、智能防雾系统的研发等,保证跨海通道在雾、霜、雪等天气条件下能够畅通。在保证行车安全的基础上,综合跨海通道内部因素(路面平整度、施工质量、沿线服务设施配置情况等)与外部因素(道路交通量、自然环境等),进一步研究行车舒适度的提升技术。

基于图 3-4 所示的科技创新三维技术管理矩阵,对上述沪舟甬跨海通道关键核心技术进行定位分析,如表 3-2 所示。

表 3-2 沪舟甬跨海通道核心关键技术定位分析

	决 策 设 计	施 工	运 维
工程质量	• 超长寿命跨海通道结构体系技术 • 新型海洋结构混凝土结构的综合技术研究 • 外海深水基础设计技术	• 数字化施工全过程管理技术 • 外海深水基础施工技术 • 其他配套施工技术	• 超长寿命跨海通道运营管理新技术 • 基础设施智能养护及延寿技术 • 设施、构件、传感器等的低影响更新技术

（续表）

	决 策 设 计	施 工	运 维
工程安全	• 外海环境下深水基础的防冲刷及防护技术研究	• 智慧化施工风险管控及安全管理技术	• 雾、霜、雪天气下的防护技术 • 恶劣天气的精准预报技术 • 智能安全防范技术
工程进度	• 人工岛快速筑岛技术及装备研究 • 数字资产管理和数字底座建设技术	• 海域桥梁及海底隧道快速化施工技术	——
绿色环保	• 以跨海通道为核心的立体用海技术	• 绿色施工技术	• 绿色能源技术

从全生命周期的维度看,技术创新贯穿沪舟甬跨海通道建设的决策和设计、施工及运维阶段,其中决策和设计阶段中重大创新技术的占比更高。

从专业领域的维度看,上述技术主要涵盖沪舟甬跨海通道建设的工程质量、工程安全、工程进度与绿色环保四个方面,其中,工程的质量和安全始终是技术创新与应用的重点。另外,一类技术可能存在两个及以上的核心保障目标,表3-2中仅依据其中最显著的目标进行定位。

从技术成熟度的维度看,表3-2中所罗列的是技术大类或专题,而非具体的技术,因此,表3-2中每一条核心关键技术对应图3-4所示的科技创新三维技术管理矩阵中的一个"同定位技术发展向量"。后续,应基于技术成熟度,对该向量内所包含的具体技术进行比选分析,采取恰当的关键技术应用与发展策略,开展因地制宜的技术创新研发工作。

3.3 技术应用与发展对策

从技术成熟度的维度看,针对需要迁移引进、重点攻关和核心突破的三类技术,结合沪舟甬跨海通道工程建设实际情况,分别总结相应的技术应用与发展对策。

3.3.1 以迁移引进丰富技术支撑

在当前日益开放的国际环境下,充分吸收利用国际资源已成为工程开展的必然选择。在跨海通道建设领域,世界各国由于经济与技术基础、地区特征等多方因素影响,呈现出多元化的工程建设需求,因此相关技术的创新和发展也各有侧重,这对于沪舟甬跨海通道建设的技术创新与应用具有重要的参考价值。技术引进可以避免漫长的技术探索过程,节省大量的科学研究和试制费用,对工程的保质保量完成有重要意义。

因此,对沪舟甬跨海通道工程来说,有必要引进先进的技术,并在其基础上结合沪舟甬跨海通道建设的工程实际进行进一步调整和提升,从而将迁移引进技术内化为自身的技能和经验。具体过程总结如下。

(1)信息整合。广泛搜集并跟踪世界范围内先进的、新兴的跨海通道技术,关注各国工程建设与技术研发动向,从外部寻求技术创新应用的灵感和场景,寻找技术迁移的可能性。同时,对沪舟甬跨海通道工程项目的建设需求进行详细分析,对照现有的技术方案,明确建设难点和技术研发需求,从而初步掌握需要引进的技术类型及引进的目标。

(2)内外对照。结合从外部得出的技术迁移的可能性和从工程内部得出的技术迁移需求,两相对照,梳理出迁移技术的大类和方向。

(3)评估细化。对目标技术的可行性、适用性、稳定性、可靠性、安全性等方面进行进一步评估,筛选出适合沪舟甬跨海通道工程项目的具体技术方案和要点。

(4)吸收内化。结合区位特点和工程特色,在沪舟甬跨海通道工程建设中开展迁移引进技术的试点应用工作,根据实用效果对技术进行再创新、优化,从而将该迁移引进技术吸收内化为适用于沪舟甬跨海通道工程的支撑性技术,实现因地制宜的科技创新。

在迁移引进技术的过程中,首先应重点关注技术的可行性和适用性,合理评估风险和投入产出比,确保技术引进的顺利实施和有效运用。其次应对引进技术进行深入研究,掌握其基本原理并实现成果转化,从而促进国产技术研发工作的有效进行。再次应注重人员培训和引进技术的内化吸收,提高团队的技术水平和应用能力,使引进技术能够真正为工程项目带来效益和改进。最后应明确引进技术与自主创新之间的联系,做到合理分配科研资源,在充分利用迁移引进技术成果的同时不受制于人。

在港珠澳大桥、大连湾海底隧道等重大跨海通道工程建设中,我国已成功引进了许多国外先进技术,以提升工程的质量、安全性和效率。例如,港珠澳大桥是我国首次在外海大规模使用沉管隧道技术的里程碑式工程。在原有沉管隧道技术的基础上,我国的技术团队通过自主研发和引进国外先进技术,成功解决了沉管隧道建设中管节下沉、精度控制、防水处理等一系列难题,建成了世界上最长的外海沉管隧道之一,为今后类似工程的施工提供了重要的经验和参考,也推动了我国沉管隧道技术的发展。

3.3.2 以重点攻关推动技术研发

在跨海通道工程建设中,科技创新的需求往往来自实际工程建设的需要。例如,为了解决海洋环境复杂的问题,需要研发高耐候、抗腐蚀的建筑材料和设备;为了提高工程的施工效率和质量,需要研发高效、智能的施工设备和工艺等。这些工程建设实际需求推动着科技创新的进程,使得科研成果能够更好地应用于跨海通道工程建设中。例如,在港珠澳大桥的建设中,由于工期紧迫,建设团队首创了深插大直径钢圆筒快速筑岛技术,在保障工程进度的同时,还提高了筑岛的稳定性和耐久性;在杭州湾跨海大桥的建设过程中,针对海域环境复杂、潮汐影响等问题,科研人员研发了大直径超深桩基础施工成套技术、海上深层水泥搅拌桩施工成套技术等新技术,为跨海大桥的建设提供了重要的技术支持。因此,对于亟须攻克的创新型应用技术,应依据"应用推动研发"的方针,紧扣技术落地需求开展科技创新研究工作。

需要注意的是,由于存在组织机构、建设时限等多方面约束,大型跨海通道建设重点技术攻关具有如下特点。

(1)组织的临时性、松散性。"沪舟甬跨海通道建设战略研究"项目组调研发现,在当前大型跨海通道工程建设过程中,通常每项技术课题单独组建研发团队,这就导致科研团队的组织相对松散,且不具有延续性。跨海通道建设的技术创新需要协调各参与方共同完成,故上述组织的松散性限制了技术创新的能力和效率,增加了技术创新的难度。

(2)创新复杂性。大型跨海通道建设技术创新的复杂性主要体现在过程复杂性、技术复杂性、组织复杂性。过程复杂性是指跨海通道建设技术创新是一个多主体参与的复杂过程;技术复杂性对于跨海通道建设技术创新更是不言而喻的;组织复杂性则主要体现在跨海通道建设技术创新工作组织庞大且结构复杂,涉及多个地区、行业、部门、学科,参与单位众多。

(3)创新系统性。大型跨海通道建设技术创新是一项复杂的系统性工作,在总体创新目标下,可以具体细化为多个研发方向和专项研发课题等。因此,大型跨海通道建设中不同技术创新之间存在内在联系,应从系统全局的角度开展技术研发与应用。

(4)时间约束性。大型跨海通道建设技术创新有别于企业的技术创新。前者以大型跨海通道建设项目为载体,为其工程建设服务,必须满足项目工期的需求,即大型跨海通道建设技术创新过程自然也受到项目工期的约束。因此,大型跨海通道建设技术创新具有时间约束性的鲜明特点。

针对上述特点,在开展沪舟甬跨海通道的重点技术攻关工作时应注意以下几点:其一,应深入调研实际需求,明确科技创新目标。通过专家访谈、案例分析等方式,深入了解沪舟甬跨海通道工程建设的目标、需求以及存在的技术难题等,明确科技创新的目标和方向。其二,应加强技术创新与工程实际的紧密结合。筹划沪舟甬跨海通道建设的重大科技专项课题,系统性、持续性组织攻关,并选取具有典型性、代表性和一定复杂性的工程开展试点,通过试点应用新技术、新工艺、新材料等创新成果,在实际中检验重点攻关技术的可行性和适用性。其三,应注重创新技术成果转化和推广应用。对创新技术试点成果进行全面评估和分析,总结出创新技术的优缺点和适用范围,将试点成果编入相关规范和标准,并基于创新技术试点,积极开展创新技术推广和应用工作,将科研成果最大化转化为实际生产力。

3.3.3 以核心突破夯实技术底座

关键核心技术突破作为一项复杂的、长期的系统性工程,事关国家经济安全和国家利益、产业的国际竞争力、企业的全球价值链控制权和工程建设行业的高质量发展。因此,应从技术安全、技术体系以及知识基础构成的综合视角定义关键核心技术,即不单一指向某一具体技术或者部件,而是围绕这一关键核心技术形成的技术体系[1]。

从理论上来说,关键核心技术突破需要依次打通理论性关键核心技术、功能性关键核心技术、性能性关键核心技术、可靠性关键核心技术四个内部单元,遵循"理论性→功能性→性能性→可靠性"的演化路径,其外在表现为技术创新形态沿着"实验室验证→试点应用→早期应用→成熟应用"变化。在关键核心技术突破过程中,随技术内部单元黑箱度的上升,技术突破难度越来越大,演化周期越来越长。在每个演化阶段,关键核心技术突破遵循不同的突破机制,主要表现为突破主体和突破方式的差异。在理论性关键核心技术突破过程中,只有高校和科研机构通过自主研究和大量实验才能探索出科技原理。而在功能性关键核心技术和性能性关键核心技术突破过程中,要求企业、高校和科研机构通力协作、相互配合,加强产学研合作。在可靠性关键核心技术突破过程中,只有企业通过自主研究,在市场实践中积累"试错经验"数据库,才能实现产品和技术性能可靠和稳定。

关键核心技术,又称"卡脖子"技术,是沪舟甬跨海通道建设科技创新的技术底座,也是所有技术创新和应用的基石。目前,我国跨海通道建设采用的超深水下基础施工技术已有了长足的突破,且该创新技术已在跨海通道建设的桩基工程、围堰施工等环节发挥重要作用。但是,在该创新技术配套装备的研发中仍有部分关键核心技术难以突破。以该创新技术配套打桩船的能量液压锤为例,目前,4 000千焦能量液压锤需要从德国、荷兰进口,我国尚无自主制造的能力,并且该能量锤的自主研发因受到材料、工艺相关技术的限制而困难重重。

要突破关键核心技术,首先,应明确关键核心技术突破的创新主体与创新主导。需要研究不同类型关键核心技术体系的主体匹配与能力匹配性问题,以及在关键核心技术突破的不同阶段,主导者的位移、嫁接和转化等现象。其次,应把握关键核心技术演化规律,遵循其突破路径。在关键核心技术突破的不同阶段,企业、政府、高校和科研机构等创新主体应表现出突破机制、资源供给和政策制定上的差异化趋势,不能概而论之。最后,应整合工程内部与外部的科技创新资源,实现有为政府与有效市场双重驱动。充分发挥我国政府动员与集中力量办大事的优势,集中统一调配各类创新资源流向关键核心技术攻关;同时,充分激发市场活力,尊重市场在资源配置中的决定性作用,强化关键核心技术的成果转化与应用。

4

沪舟甬跨海通道科技创新
组织管理体系构建

沪舟甬跨海通道连接了沪浙两地三座城市,其建设参与人员和参与部门/单位众多,涉及多个不同层级的行政区域,使得其科技创新组织管理体系复杂,沟通协调难度高。对此,本章从组织协同机制、科创投入机制、科创攻关机制、科创成果转化与推广机制、人才培养及管理机制等五个维度开展剖析,探索其中的关键要素和破局之钥,从而构建沪舟甬跨海通道科技创新组织管理机制。在此基础上,创建政府引领式自主化科技创新组织管理与企业主体式市场化科技创新组织管理相结合的沪舟甬跨海通道科技创新组织管理体系。

4.1 沪舟甬跨海通道科技创新组织管理机制

4.1.1 组织协同机制

科技创新是推动社会进步和经济发展的重要驱动力,科技创新组织包括企业、科研机构、政府部门和其他组织等,而科技创新组织管理是为了有效地推动和实施科技创新而建立的一套组织结构、管理体系和流程规范,其优劣将直接影响科技创新活动的成果和效率。因此,科技创新组织管理在跨海通道项目建设过程中起着至关重要的作用。沪舟甬跨海通道建设参与人员范围广,涉及长三角地区跨省市、多层级、多单位协调,需要政企融合和产学研融合。因此,在沪舟甬跨海通道建设过程中,应借助长三角一体化契机,在已有的政府间合作交流办公室的基础上,就科技创新协调的内容在政府间合作方面形成突破,建立一个有效的跨海通道建设科技创新组织协同机制。

首先是机构及职能部门的协同,明确各个组织主体间的角色和权力,避免冲突和混淆。考虑到沪舟甬跨海通道建设科技创新涉及的机构众多,应建立一个涵盖"决策—协调—执行"的系统性科技创新组织框架,从而形成沪舟甬跨海通道建设科技创新体系的组织机制,以便实现创新驱动发展目标下的组织协同。该多层次的系统性科技创新组织结构包括决策层、协调层和执行层,如表 4-1 所示。其中,政府部门可以负责政策指导和资源调配,企业可以负责技术开发和市场推广,高校和研究机构可以负责科研攻关和技术支持。

表 4-1 "决策—协调—执行"系统性科技创新组织结构

层 级	职 责
决策层	制定整体科技创新发展方向,确保重大决策经过充分讨论和合理决策,可以设立决策委员会或专家咨询团,由各相关主体代表组成,共同参与决策过程,如长三角科技创新共同体建设办公室、工作专班、秘书处等
协调层	开展各单位间的协调合作,对各单位间的信息交流、资源共享和问题进行协调,可以定期召开协调会议,及时解决合作中的难题,如上海、宁波、舟山建设指挥部等
执行层	负责具体科创课题的实施,确保课题按时、保质完成,可以采用项目管理的方法,明确科创课题目标、计划、进度和责任人,如设计单位、施工单位、科研机构等

其次,应打通组织结构各层级间的信息共享和沟通机制,方便各单位之间的信息交流与合作。科技创新组织结构决定了知识与技术在组织内的传递与分享机制,决定了组织内各类科技创新资源的配置方式、配置途径与配置效率,进而影响技术创新的效率和能力。先进的科技创新组织结构不仅应有力地贯彻执行创新战略,从而为其他管理模块提供支撑,而且要具有高度的敏捷性,能够及时应对和适应内外部环境的变化。具体而言,沪舟甬跨海通道工程需要建设完备的科技创新组织体系,在政府、企业、高校和科研机构之间开展紧密协作,确保资源的合理配置、信息的顺畅流通,最终形成

布局合理、分工定位与核心职能明确、功能互补的科技创新组织机制,推动科技创新为沪舟甬跨海通道建设带来持续的动力。

4.1.2 科创投入机制

对沪舟甬跨海通道这样的国家级乃至世界级的工程来说,将强大的科研力量引入工程建设中是推动科技创新和可持续发展的重要保障。沪舟甬跨海通道涉及长三角地区多个城市,涵盖了交通、物流、城市规划等多个专业领域,科创投入可以促进这些专业领域的融合创新,形成更具活力和竞争力的产业链。在促进科技创新过程中,需要通过各类资金扶持政策来支持科创投入,用于研发新技术、开发新产品、推进创新课题、购买研发设备以及保护知识产权等。

跨海通道项目的科技研发投入经费主要依靠科技基金、项目资金、施工单位和龙头民营企业的自有资金等。以舟山市六横公路大桥为例,其科创投入具体包括:① 经项目本身科研策划的立项审查,纳入实验研究的经费;② 省科技厅发布的重点研发项目经费;③ 施工单位解决项目建设过程中的重难点问题,自行设立的科研经费;④ 民营企业的创新研发经费,如"双相不锈钢钢绞线"的创新课题经费由浙江民营企业出资。目前,由于跨海通道建设科技创新投入巨大,从上述渠道获得的科研经费和实际研究需求之间往往还有差距,因此在跨海通道建设科创课题立项和经费上还需要国家、地方的财政支持。由此可见,需要有多元化的科创投入机制和切实有效的措施,推动跨海通道建设在科技创新领域取得重要突破和成果。也就是说,在跨海通道建设科创投入机制上,需要保障科创资金来源的多元化,降低依赖单一资金源的风险,确保跨海通道建设科技创新的可持续发展。

为此,首先应充分发挥政府科技创新基金的引导带动作用。政府可以设立专项科技创新基金,用于资助与推动沪舟甬跨海通道建设科技创新。政府资金的投入可以作为沪舟甬跨海通道建设科技创新项目的初期支持,引导和激励各相关利益方投入科技创新,从而带动其他科创资金的加入。这些科创投入资金可以用于支持沪舟甬跨海通道建设的科研项目、人才培养和技术转移等。

其次,应充分发挥社会、企业、资本市场的积极性,拓宽科创资金来源,积极吸引社会资本、企业投入沪舟甬跨海通道科技创新领域。例如,可通过税收优惠政策、科技创新基金等方式吸引社会资本投入,社会资本的参与不仅提供了资金支持,还可以带来更多的创新资源和市场需求。

再次,应鼓励科技私募基金的发展,为科技创新项目提供融资支持。私募基金可以通过风险投资、股权投资等方式,帮助沪舟甬跨海通道科技创新课题获得资金支持。通过设立科技公益基金,鼓励社会各界的捐赠用于沪舟甬跨海通道建设科技创新;通过建立多渠道科技创新投入机制,将财政资金、国有资本收益和社会资金等纳入科创资金中,用于支持沪舟甬跨海通道建设的科技创新。这种多元化投入方式可以确保沪舟甬跨海通道建设科创投入资金的稳定性和可持续性。

最后,应建立滚动投入机制,根据科技创新课题的进展和需求,动态调整资金投入。应确保科创投入资金优先用于沪舟甬跨海通道建设中需要核心突破的技术难点,提高科技创新的效益。此外,应建立透明的科创投入资金使用监督和评估机制,确保科创投入资金的使用效果。

总之,在沪舟甬跨海通道建设科技创新投入机制建立时,应充分考虑资金来源的多样性、透明度、效率和可持续性,以推动新技术、新工艺、新材料的研发和应用,进而实现技术创新和产业升级,确保沪舟甬跨海通道建设过程中科技创新工作的顺利开展。

4.1.3 科创攻关机制

科创攻关能够推动技术的创新和突破,在推动科技进步和社会发展方面具有重要作用。针对跨海通道项目建设过程中遇到的科学技术难题或前沿性问题,依托的主要研究力量是参建单位,其往往会联合高校院所、科研单位、行业企业合作开展系统的科学研究和技术开发,以创造新的创新成果或实现突破性的技术进步。

目前,沪舟甬跨海通道项目在基本建设程序方面已梳理了 26 个科研专题,将在可行性研究阶段同步完成相关研究;而在项目技术、项目全生命周期管理方面,也存在需要攻关的难题。此外,相比于杭州湾跨海大桥、深中通道等跨海通道，沪舟甬跨海通道距离更长，建设地区的地质、水文、海床条件有差异，并且沪舟甬跨海通道比杭州湾跨海大桥更靠近外海，因此杭州湾跨海大桥当时的科创成果不一定适用，需要以工程需求为科技创新导向，开展沪舟甬跨海通道的专项科技攻关。

为此，首先应建立科创联动协同机制，发挥不同主体的跨区域、跨领域、跨学科的协同创新优势。开设在线平台或网络论坛，定期发布沪舟甬跨海通道建设的科技创新动态和成果，为行业企业、科创企业、科研机构和高校等各类创新主体提供交流、合作和资源共享的平台。该平台可以是在线平台，也可以是定期举办的研讨会、创新大会等。行业企业可以提供实际应用场景，科创企业和科研机构可以提供前沿技术，高校、科研机构可以提供专业知识，共同攻克沪舟甬跨海通道建设遇到的技术难题。同时，通过建立信息共享和技术交流机制，使各创新主体能够及时了解彼此的进展和成果。这有助于避免产生信息孤岛，促进技术交流与合作。

其次，应促进科技创新资源的跨区域配置，使各方能够充分利用彼此的资源，避免重复投入。沪舟甬跨海通道连接着上海、宁波和舟山三个城市，科创攻关机制的建立需要充分发挥各地区的优势，促进资源的协同配置和合作。一方面，立足于基础科学、创新性技术和应用技术研发，为沪舟甬跨海通道建设提供前瞻性技术储备。另一方面，加强以应用为导向的技术研发，为沪舟甬跨海通道建设工作提供技术支撑。沪舟甬跨海通道沿线各地区应共同推进科研攻关，有效突破产业瓶颈。这有助于提高科创资源利用效率，加速科技创新的推进，建立健全沪舟甬跨海通道建设的科技创新协同攻关运行机制。

最后，应针对不同类型的关键技术，制定不同的科创攻关策略，识别并区分关键技术中成熟的技术、待引进的技术和待自主攻关的技术。其中，对于成熟的关键技术，通过比选识别该技术是否适用于沪舟甬跨海通道项目，并采用"引进—消化—吸收"的方式用于沪舟甬跨海通道建设；对于待引进的关键技术，评估该技术在项目中的迁移条件与应用方式，创造其在沪舟甬跨海通道建设过程中落地应用的良好环境；而对于待自主攻关的关键技术，则应积极尝试、小心论证，从项目资金投入、工期要求、技术支撑、风险分析等多个角度,评估该技术在沪舟甬跨海通道建设方面的实际应用价值与可行性,据此组织科技攻关。

4.1.4 科创成果转化与推广机制

沪舟甬跨海通道建设科技创新需要实现科技成果向实际生产力的转化。科技成果转化与推广是充分发挥科技创新作用、实施创新驱动发展战略的一个重要环节。新技术的产生并不等于新产业的形成,要使科技成果变成现实的生产力,特别是要形成规模效益,还需要将科研成果转化为产业化应用,推广到市场,并产生经济和社会价值,如图4-1所示。

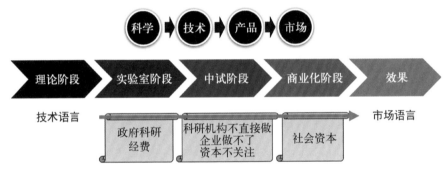

图4-1 科技成果转化过程

为此,第一,应加强知识产权的管理和保护,为创新者提供合理的激励和保障措施。沪舟甬跨海通道建设的科技成果转化与推广是涉及科技、财务、人力等多领域的系统工程,它不仅涉及国家财政资助的科技成果的产权问题,还涉及承担沪舟甬跨海通道建设科技创新工作的企业、科研机构、高等院校等与其科技人员之间的利益分配问题,更涉及开展沪舟甬跨海通道建设科技创新工作的科技人员的价值认可问题。因此,首先应建立健全沪舟甬跨海通道建设科技创新成果的知识产权保护体制,对相关的知识产权进行保护,确保沪舟甬跨海通道建设的科研成果,包括申请专利、商标、著作权等,不被侵权。同时,应建立完善的沪舟甬跨海通道建设科技成果转让机制,明确转让双方的权益和义务,将沪舟甬跨海通道建设的科研成果进行技术转让或许可给企业,使其能够在市场上进行推广和应用。其次,应加快沪舟甬跨海通道建设科技成果转化的制度和机制改革,如科技成果权属制度、收益分配制度等,进一步完善沪舟甬跨海通道建设科技成果应用和转化方面的激励制度,提高其科研项目成果应用水平,突破科技成果转化的瓶颈。最后,应依托长三角一体化,构建沪舟甬跨海通道建设科技创新成果的长三角地区知识产权保护协作网络,建立长三角地区政府间知识产权保护的约定例会制度,设立长三角区域知识产权保护案例处理中心,完善长三角区域内保护知识产权的执法协作关系。对于沪舟甬跨海通道建设科技创新成果的知识产权保护,由沪苏浙皖的知识产权管理机构定期交换相关案例、动态、法规、工作计划、工作经验等信息,协调大案、要案的查处工作,完善沪舟甬跨海通道建设科技创新成果的知识产权侵权案件通报、移送制度,开展联合查处和协同办案。

第二,应全面考虑市场变化,实现科研能力与产业需要的有机衔接。在科技创新过程中,应遵循"科学研究面向经济生产、经济生产依靠科学研究"的原则,实施科学合理的科技创新计划,以确保科技创新能够最终转化为实际的经济和社会价值。因为沪舟甬跨海通道建设的海上施工作业具有施工环境恶劣(如台风、季风多)、作业时间紧张、质量要求高、大宗物件运输量大等特点,所以"标准化、工厂化、装配化施工"是沪舟甬跨海通道建设的趋势。将该趋势与上述科学研究和经济生产相辅相成的理念相结合,以实现科技创新赋能沪舟甬跨海通道的高质量建设。

第三,应打造工程示范平台,加速科技成果的应用和推广,发挥沪舟甬跨海通道的引领和示范意义。通过建立示范工程、示范企业等,将科技创新成果应用到沪舟甬跨海通道建设中以展示其实际效益,从而推动科技创新成果的市场应用。沪舟甬跨海通道建设科技创新成果的转化与推广,需要科研人员、企业、政府和投资机构等多方的合作和支持,通过共同构建跨海通道建设科技创新推广应用新模式,加速科技创新技术存量转化为经济发展增量,为今后跨海通道建设提供强有力的技术储备与支撑。

4.1.5 人才培养及管理机制

沪舟甬跨海通道的建设离不开科研人力资源的投入。为此,应紧扣人才强国战略、创新驱动发展战略,依托沪舟甬跨海通道等重大交通基础设施建设项目,打造创新人才培养平台,打通人才引入、培养、输送路径,推动理论与实践兼备的创新型人才培养。此外,在沪舟甬跨海通道建设中,需要注重培养各个层次、各个领域的人才,确保项目从规划到建设再到运营都能拥有足够的人才支持,以实现项目的顺利实施和长期可持续发展。为实现上述目标,需要做好如下工作。

首先,应强化科研团队建设,建立完善的绩效评估和激励制度。鼓励参建各方针对跨海通道建设领域共性关键技术,加强科研能力强、协作精神佳的创新团队培养,以形成一批拥有自主知识产权的跨海通道建设核心技术,并在沪舟甬跨海通道建设中进行实践应用,从而打造出具有核心竞争力的品质工程标杆。对在沪舟甬跨海通道建设中取得显著科技创新成果的个人和团队可给予奖励,从而激发科研人员的积极性和创造力。

其次,应建立人才培养和流动机制,鼓励各个单位之间的人才交流和合作。沪舟甬跨海通道建设涉及多个部门和多个专业领域的合作,需要培养具有跨部门跨专业协作和沟通能力的人才。对此,可以设立专门的沪舟甬跨海通道建设人才培训计划,支持人才跨单位、跨领域培养和流动。通过推动科研人员、工程师等跨组织、跨领域的合作与流动,培养更多的沪舟甬跨海通道建设科技创新骨干。通过建立跨地区跨部门的人才交流与合作机制,鼓励科研人员、企业家和创业团队在沪舟甬跨海通道沿线各地区、各参建单位之间流动,共享创新资源。同时,在沪舟甬跨海通道建设科技创新的产学研合作过程中,重点完善参建单位与高校及科研机构的合作交流机制,如通过签署合作协议、成立联合实验室等方式建立长期稳定的合作关系,使得企业可以通过提供实习契机、派遣工程师到高校及科研机构等方式,加强人才交流,推动产学研的深度融合。

再次,应重视人才队伍建设,培养各层面的专业型、跨学科、系统级人才(见图4-2)。通过引进高水平的科研团队,吸引优秀的科研人才加入,以提高沪舟甬跨海通道建设科技创新能力和水平;通过营造尊重劳动、尊重知识、尊重人才、尊重创造的氛围,促进以知识价值为导向的分配激励机制逐渐形成,从而为沪舟甬跨海通道建设的科技创新人才队伍建设提供保障。此外,人才培养及管理是沪舟甬跨海通道建设科技创新的关键要素之一。

有效的人才培养和管理,可以增强科研人员的综合素质和创新能力,提高科研团队的竞争力和创新力,推动沪舟甬跨海通道建设的科技创新工作不断向前发展。

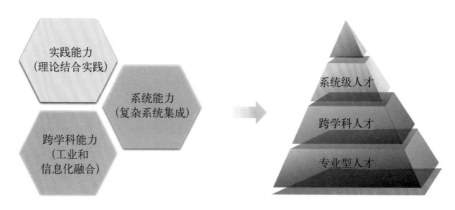

图 4‑2　人才培养理念

最后,应深化职业教育发展改革,提升产业工人队伍素质。产业工人队伍是沪舟甬跨海通道建设的主力军,应重点培养工人在特定领域的职业技能,使他们能够熟练掌握实际操作技能,以提高沪舟甬跨海通道建设过程中的施工作业效率和工作质量。除了技术技能之外,还应通过职业教育来提升工人的职业素质,如团队协作能力、沟通能力、问题解决能力,以及安全和环保意识等。此外,应强化产业工人掌握和使用新技术和新工具的能力,不断更新其技术水平;还应提前布局、超前谋划,以高标准建设为目标,培育一批业务精干、综合素质全面的新时代产业工人队伍,以满足沪舟甬跨海通道建设科技创新的需要。

4.2　沪舟甬跨海通道科技创新组织管理体系

4.2.1　政府引领式自主化科技创新组织管理

在以自主创新推动科技自立自强发展道路中,通过分析确立政府的政策引领作用,充分发挥国有企业科技自主创新的支撑作用,依托长三角科创一体化的组织架构设计,结合沪舟甬跨海通道实际建设背景,构建沪舟甬跨海通道建设政府引领式自主化科技创新组织管理体系,如图4-3所示。

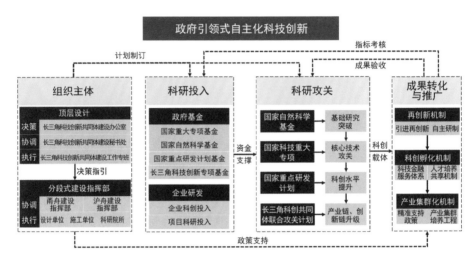

图4-3 沪舟甬跨海通道建设政府引领式自主化科技创新组织管理体系

由图4-3可知,在沪舟甬跨海通道建设政府引领式自主化科技创新组织管理体系中,以长三角科技创新共同体建设办公室为核心,协调甬舟建设指挥部、沪舟建设指挥部等建设单位形成组织主体,通过制定创新政策、搭建科技创新战略平台等方式,为沪舟甬跨海通道建设科技创新项目进行科创经费的分配和投入,以激发创新的活力。有了资助政策,一方面政府可以促进科创攻关的合作和协调,提供资源共享和协同创新的机会,加速科创攻关;另一方面,科研活动促进科技成果转化为具体的产品和服务,推动科技成果向市场转化与推广。对此,在沪舟甬跨海通道建设过程中,可以通过科创成果来评价技术难题是否攻关成功,并以科创成果转化与推广绩效作为考核指标来调整科创经费的投入比例。为了充分发挥图4-3所示的沪舟甬跨海通道建设政府引领式自主化科技创新组织管理体系的作用,需要从如下几个方面进行创新与突破。

1) 科技创新体制机制优化

科技创新是沪舟甬跨海通道建设的核心驱动力之一。政府作为市场宏观调控的主体,在沪舟甬跨海通道建设科技创新体制机制优化中具有不可替代的作用。沪舟甬跨海通道作为融合了多项新技术、新设备、新工艺和新材料的重大交通基础设施项目,其建设需要更加完善的科技创新体制机制的保障。对此,要坚持目标导向和问题导向,以优化科技资源配置、激发创新主体活力、完善科技治理机制为着力点,更好地发挥政府在高效的组织领导等方面的系统化、集成化优势。

首先,依托国家发展战略,制定政策优化科技规划体系和运行机制。依托长三角科技创新共同体建设办公室、秘书处和工作专班,组织召开沪舟甬跨海通道项目各个参建单位主要领导座谈会,开展沪舟甬跨海通道建设科技创新规划顶层设计,增强科技创新规划对沪舟甬跨海通道建设科技任务布局和资源配置的引领作用,构建沪舟甬跨海通道建设科技创新的"战略研究—规划部署—任务布局—组织实施"有效衔接机制。

其次,促进创新资源的合理配置和高效利用,分类推进重大任务研发管理。考虑到沪舟甬跨海通道涉及多个地区,政府可以在跨区域协同合作上进行创新,建立区域间科技创新合作机制,推动各地政府协调合作,共同制定沪舟甬跨海通道建设科技创新战略、投资规划和建设标准,以实现资源优化配置和协同发展。此外,在数字中国建设国家战略背景下,沪舟甬跨海通道建设将包括但不限于数字公路建设、智慧梁厂打造、一体化数字底座建设、智能化应急管理与处置系统应用等多个创新点,其中的每一个科创任务都需要研发资金保障与重难点攻关。对此,政府可以加强国家重大专项基金、长三角科技创新专项基金等的投入,由国家相关部门、地方政府等共同组织实施,采用"里程碑式考核"等管理方式,探索完善沪舟甬跨海通道建设过程中科技创新重难点任务管理方式,并对其中的科技创新前沿探索的任务,在竞争择优的基础上鼓励自由探索。

再次,建立重大科技任务应急反应机制。面对沪舟甬跨海通道建设科技攻关过程中遇到的不可抗力因素,需要政府进一步完善抵御外界干扰的防御机制,加强公共卫生、重大灾害等方面的应急科研能力建设。

最后,积极探索充分激发科技人员创造性的科研管理方式。在沪舟甬跨海通道项目建设过程中,开展科技创新管理机制改革,推行基于信任的创新领军人才科技创新负责制试点,赋予其更大的科技创新技术路线决定权和科研经费使用权,实行科研项目经费使用"包干制"试点,充分激发沪舟甬跨海通道建设过程中的科创人才的创造性。

2) 前沿领域创新应用

随着科学技术的进步与社会经济发展水平的提高,大数据、人工智能等新技术为沪舟甬跨海通道建设科技创新带来了新的可能。运用这些新兴技术,可以更有效地收集和分析沪舟甬跨海通道建设的相关数据,为其提供决策支持。

对此,政府首先要积极推动前沿科技,如新型材料、智能化建设、低碳环保新技术等在沪舟甬跨海通道建设过程中的研发和应用,为培育新兴产业提供政策支持和资金投入。例如,运用智能化建设可以大大提高施工效率,减少人力资源的投入,同时还能提高施工的精确度;使用新型环保材料既可以保证工程质量,又可以尽可能地减少对环境的影响。

其次,为实现重点文物保护、技术难点突破等,政府应鼓励和推动沪舟甬跨海通道参建单位开展更广泛的行业和社会协作,合作对象和内容包括但不限于与文物保护单位进行施工注意事项的探讨、与工业公司合作开发和应用新型材料及建筑技术、与环保组织合作确保项目的环保性、与本地社区合作确保项目社会影响的积极性等。

最后,针对沪舟甬跨海通道的复杂建设条件,科技创新是保证项目顺利实施极其重要的抓手。例如,在施工工艺方面,尝试使用无人驾驶设备进行工作,以提高施工效率并降低安全风险;在统筹安排方面,可以使用云计算和大数据技术进行项目管理,以提高管理效率并降低管理成本;在可持续建设方面,项目施工过程中积极使用可再生能源,以减少项目施工对环境的影响;在安全性方面,利用大数据进行预测分析,提前发现项目建设过程中可能出现的隐患和风险。对此,政府作为沪舟甬跨海通道建设的主要推动者,可以通过提供政策扶持、设立专项基金等手段鼓励、支持科技创新技术的研发和应用,为加快和确保沪舟甬跨海通道的高质量建设保驾护航。

3) 产业链创新升级

创新产业链包括技术创新、研发创新、产品创新等多个环节。沪舟甬跨海通道作为大型跨海工程项目,具有复杂的建设条件与严苛的技术要求,需要将上述创新产业链的多个环节互相承接、互相配合,才能依托沪舟甬跨海通道建设项目实现产业链的创新升级。

为实现上述产业链创新升级目标,首先,需要构建科技、产业、金融协同互促的政策体系。一方面,通过建立健全沪舟甬跨海通道建设科技创新成果转化收益的合理分配机制,赋予相关科研人员职务科技成果所有权或长期使用权,从而推动沪舟甬跨海通道建设科技创新成果转化的社会化、市场化和规范化,实现科技创新成果转化助力产业发展、产业投入资金推动科技创新研发的良性循环。另一方面,沪舟甬跨海通道项目建设周期长、难度大、建设条件复杂,科技创新所需投入资金庞大。除了政府提供的专项科创基金、企业支持的科创资金之外,还需要建立完善的覆盖沪舟甬跨海通道建设科创课题全生命周期的信贷产品体系,这不仅要发挥政府创业引导基金和成果转化基金的带动作用,还要发挥多层次资本市场对沪舟甬跨海通道建设科技创新工作的直接融资作用,为沪舟甬跨海通道建设科技创新提供充足的资金支持。

其次,需要创新科技人才培养机制,改革科技创新评价制度。沪舟甬跨海通道是构建宁波—舟山—上海"一小时交通圈"的重要桥梁,是国家级乃至世界级的大型跨海工程。因此,为攻克该工程建设条件复杂、外海建设环境恶劣、需攻关的技术难题众多等困难,需要强化科技创新导向,围绕大型跨海交通基础设施建设方向培养造就一批具有国际水平的科技战略人才、科技领军人才和创新团队,创立有利于青年科技人才脱颖而出的机制。此外,通过改革科技创新评价制度,确立以科技创新的质量、贡献、绩效为核心的评价导向,实行与不同类型科研活动规律相适应的跟踪和分类评价制度,并据此优化科技创新奖励规则,激发沪舟甬跨海通道建设科技创新活力。

最后,需要完善科技创新能力开放合作机制。为了在沪舟甬跨海通道建设科技创新中引入国内外创新人才,应该实施更加开放包容、互惠共享的国内与国际科技合作战略,有效提升沪舟甬跨海通道建设科技创新合作的层次和水平。依托国家深入实施"一带一路"科技创新行动计划,沪舟甬跨海通道建设科技创新相关单位、部门应加强与世界主要创新国家开展多层次、广领域的科技交流合作,积极参与和构建多边科技合作机制,拓展政府间、民间科技合作的领域和空间。同时,在条件允许的情况下,可以设立面向全球的沪舟甬跨海通道建设科技创新研究基金,构建国际化人才科研环境,形成有国际竞争力的科技人才培养和引进制度体系,大力提升沪舟甬跨海通道建设科技创新的科研管理、平台建设国际化水平,提高国际科技人才在沪舟甬跨海通道建设科技创新中的参与度。

4.2.2　企业主体式市场化科技创新组织管理

依托以国有企业为主导、民营企业为辅助、产学研高效协同深度融合的新时代自主科技创新体系,建立"政府—企业—科研机构"联合创新发展平台,构建科技创新市场化机制,是激发科技创新组织管理活力的重要途径。遵循该途径,将科技创新成果和技术应用需求相连接,充分调动企业的科技创新主体推动能力,构建沪舟甬跨海通道建设企业主体式市场化科技创新组织管理体系,如图4-4所示。

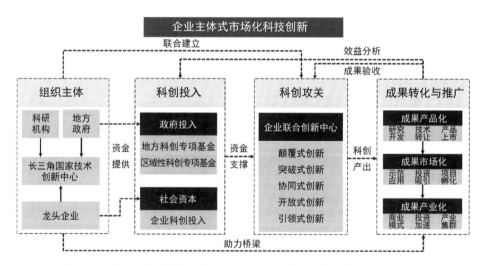

图4-4　沪舟甬跨海通道建设企业主体式市场化科技创新组织管理体系

由图4-4可知,沪舟甬跨海通道建设企业主体式市场化科技创新组织管理体系将科研机构、地方政府、龙头企业联合起来作为科技创新组织主体,以长三角国家技术创新中心作为科技创新协同平台,充分挖掘沪舟甬跨海通道建设过程中的科技创新需求。在政府专项基金和社会资本的支持下,多方科创主体协同推进上述科技创新需求中"卡脖子"关键技术的核心突破、创新型应用技术的重点攻关、成熟先进技术的迁移引进,实现科技创新驱动沪舟甬跨海通道建设工作的顺利实施,并助力沪舟甬跨海通道建设的科技创新成果产品化、市场化、产业化。为此,需要从如下几个方面进行创新与突破。

1) 创建多层级协同科技创新网络

沪舟甬跨海通道建设科技创新涉及跨省市、多层级、多单位(企业)的协调,创建多层级协同科技创新网络是必由之路。其中,企业既是创新的主体,也是推动创新创造的生力军。习近平总书记在中央全面深化改革委员会第二十四次会议上强调,要促进产业链创新链的深度融合。这就需要让国有企业起到引领带头的作用,即推动国有企业完善创新体系、增强创新能力、激发创新活力,提升国有企业原创技术需求牵引、源头供给、资源配置和转化应用能力。

沪舟甬跨海通道地处长三角地区,主要由长三角地区的科研机构、国家技术创新中心等国有单位牵头建设企业主体式市场化科技创新组织管理体系。而民营企业对于改善竞争环境、促进科技创新具有重要的推动力。因此,在沪舟甬跨海通道建设企业主体式市场化科技创新组织管理体系的组织主体中,国有单位与民营企业相辅相成、相得益彰。在科技创新攻关方面,为实现沪舟甬跨海通道建设技术上的创新突破,可以加强长三角地区各类企业之间的合作交流,以国有单位为主导,民营企业为辅助,充分发挥各自的优势,构建沪舟甬跨海通道建设科技创新联合研究中心,在政府以及社会资本的资金支持下,实现开放式创新、引领式创新、颠覆式创新、突破式创新和协同式创新,让一切劳动、知识、技术、管理、资本等要素的活力竞相迸发,汇聚成沪舟甬跨海通道建设科技创新源泉。

2) 强化知识产权保护

随着互联网技术、信息技术发展日新月异,企业之间围绕技术所有权、主导权的竞争也愈演愈烈。在知识经济社会,知识产权保护观念已经深入人心,成为各国普遍接受的激励创新、保护创新成果和促进创新成果推广运用的法律制度和政策导向。随着知识产权保护制度日益完善、国际化趋向日益增强,企业科技创新工作只有在知识产权的有效保护之下,才能提高核心竞争力。从一定意义上说,知识产权保护制度及其运用决定着企业科技创新的能力,影响着企业科技创新的氛围。

沪舟甬跨海通道建设涉及多项新材料、新技术、新工艺的应用,例如超长寿命的新材料、超深水下基础的防冲刷及生态防护技术、基础设施智能养护及延寿技术等,加之其建设环境复杂、建造要求高,使得这些新材料、新技术、新工艺的研究开发具有极大的挑战性。而知识产权是对智力成果完成人权益的重要法律保障,沪舟甬跨海通道建设科技创新活动产生的创新成果,特别是开拓性、关键性的创新成果,只有知识产权化才能获得足够的法律保护,以防止他人盗用,并防止无形资产流失。同时,知识产权保护还存在鼓励对科技创新投资的内在激励机制,即相关企业通过对产权化后的科技创新成果带来的独占市场利益进行约定分配,可以为科技创新领域的投资资金提供激励和利益保障。因此,知识产权保护能够为沪舟甬跨海通道建设科技创新活动提供重要的动力源泉,可以激励沪舟甬跨海通道参建单位及其科技人员投入更多的资源和时间进行科技活动。

3)产学研用融合并进

产学研用的模式是一种集成了产业、学术、研究和应用的科技创新模式。在产学研用过程中,产业、学校、科研机构等相互配合,发挥各自优势,形成研究、开发、生产一体化的先进系统,并在运行过程中体现出综合优势。这使得企业、高校和科研机构可以共享资源和知识,共同解决技术问题,高效推进科技创新。

按照该模式,为推动沪舟甬跨海通道建设科技创新活动的高效管理,沪舟甬跨海通道参建单位可以通过签订研究合同、成立联合实验室或者参与科研课题等方式,加强与高校、科研机构的交流,定期开展研讨会、论坛,促进学术与工程的深入融合,形成沪舟甬跨海通道建设科技创新合力。在实现产学研用模式的实施过程中,需要沪舟甬跨海通道参建单位与高校、科研机构互相理解与配合,具体要求包括:第一,合作各方要相互信任,加强沟通,相互理解,全力以赴,求真务实;第二,共建科研机构要定位精准,目标明确，紧紧围绕沪舟甬跨海通道建设的重大科技攻关需求，与时俱进，不断挖掘产学研用融合潜力；第三，依托沪舟甬跨海通道建设科技创新活动，催生共建科研机构自我造血功能，使得其科技创新成果在助力沪舟甬跨海通道建设的同时，反哺高校、科研院所人才队伍培养和学科建设，实现互利共赢、共同发展。

为确保沪舟甬跨海通道项目建设技术与国际高水平接轨，建设团队需要注重提高产学研用融合发展的国际国内互动水平。在产学研用模式下，沪舟甬跨海通道参建单位需要注重把握国际前沿技术，提高自身针对科技创新成果进行二次创新的能力。其中，各参建单位管理层需要时刻关注和把握相关领域国际前沿科技、市场和知识产权保护动向，提高产学研用合作创新能力，促进产学研用深度融合发展；需要积极吸纳国际科技创新人才，促进产学研用模式下的各类科技创新资源向沪舟甬跨海通道建设科技创新活动集聚；需要将各类科研力量向参建单位集聚，打造既具有超强研发能力，又具备相当产业化配套能力的沪舟甬跨海通道建设团队。

产学研用深度融合创新应切实贯彻以企业为主体的原则。各类科研力量应向参建单位集聚，以市场为导向，以沪舟甬跨海通道建设实际需求引导科技创新，从而提升科技攻关突破技术难题的水平，并实现沪舟甬跨海通道建设科技创新成果产业化。唯其如此，才能切实发挥产学研用模式对沪舟甬跨海通道建设科技创新的支撑作用，并提升沪舟甬跨海通道参建单位在相关领域的核心竞争力。

品质工程标杆篇

5

沪舟甬跨海通道品质工程
标杆建设的基础

沪舟甬跨海通道作为我国重大交通基础设施,将其建设成品质工程标杆是主要目标之一。本章首先说明沪舟甬跨海通道品质工程标杆建设的必要性及原则;其次从资源、发展、技术等三个方面,论述沪舟甬跨海通道品质工程标杆建设的需求;最后聚焦长三角地区的专业技术人员基础、合作机制和技术积累,阐述沪舟甬跨海通道品质工程标杆建设的资源禀赋。同时,通过对港珠澳大桥、大连湾海底隧道与深中通道等典型案例的分析,指出我国已具备大型跨海通道品质工程标杆建设的坚实基础。

5.1 沪舟甬跨海通道品质工程标杆建设的必要性和原则

5.1.1 必要性

沪舟甬跨海通道不仅是浙江省的"十大千亿"工程,还被纳入国家和地方规划,如《国家公路网规划》(发改基础〔2022〕1033号)、《上海铁路枢纽总图规划(2016—2030)》等。《沪舟甬跨海通道气象环境与风参数研究专题招标公告》中对公路和铁路建设描述为:公路起于岱山双合,顺接在建的宁波舟山港主通道,向北先后跨越岱山北航道、金山航道、漕泾东航道,止于大洋山岛西侧,接上海东海二桥(规划中),并设置大小洋山连接线连接东海大桥,主线全长约35千米,连接线长约11千米。铁路通道相比公路要更长一些,起于甬舟铁路马岙站,向北先后跨越长白西航道、舟山中部港域西航道、岱山南—北航道、金山航道、漕泾东航道,止于大洋山岛西侧,接上海东海二桥(规划中),全长约 65 千米。从这段描述中可知:建设沪舟甬跨海通道不仅能够解决上海大都市圈和宁波都市圈的交通需求(上海—宁波 90 分钟通勤圈),还因其连接的是全球最大的货运港(宁波—舟山港)和全球最大的集装箱港(上海洋山港),可满足巨量的货运需求。因此,为了实现宁波—舟山港和上海洋山港两大港口的协同运作和未来的合作,沪舟甬跨海通道的建设是十分有必要的。

沪舟甬跨海通道的建设不仅具有工程属性,还具有很强的社会属性。就工程属性而言,将沪舟甬跨海通道建设为品质工程标杆的必要性体现在以下两个方面。

一是长三角基础设施工程建设的需要。从目前形势看,沪舟甬跨海通道的重要性和建设的必要性已经非常明确,其建成后也必定是长三角地区的标志性基础设施,不仅是长三角港口一体化的里程碑,也是长三角供应链和产业一体化深化的代表,因此它的建设对长三角地区的其他基础设施工程建设具有标杆性、示范性作用。沪舟甬跨海通道品质工程标杆建设,不仅能够将大型桥隧工程建设标准提升到新的高度,还能为其他基础设施工程建设提供新技术、新材料、新工具应用的范例,引领长三角基础设施工程建设水平的提升和发展。

二是国家基础设施工程建设水平发展的需要。港珠澳大桥作为粤港澳地区的一座显著地标,其成功建设不仅助力粤港澳形成一个有机整体,而且标志着我国在跨海通道领域已经达到了国际先进水平。而沪舟甬跨海通道将是我国在桥隧建造领域的又一次技术进步和再次突破,标志着我国跨海通道建设的另一高峰,将成为我国长三角地区的名片,助力长三角一体化的深度深化发展。将沪舟甬跨海通道建设为品质工程标杆,不仅能够彰显我国基础设施工程建设的高水平,有助于增强其他海外基础设施建设的信心,还可以提升我国在国际基础设施上的声誉和地位。

就社会属性而言,沪舟甬跨海通道品质工程标杆建设的必要性可以从以下三个方面体现。

一是挖掘及满足沿线城市客货运发展的需要。沪舟甬跨海通道能够挖掘沿线各个主要城市的客货运潜力,具备提升旅游业和产业发展的衍生功能。

二是满足长三角一体化下加强区域互通的需要。沪舟甬跨海通道能够促进舟山融入上海大都市圈,加强其与上海、江苏、浙江各省市之间的联系,加强上海大都市圈和宁波都市圈的互联互通。

三是满足与沪甬跨海通道形成客货运错位发展的需要,避免同质化竞争。相较于沪甬跨海通道,沪舟甬跨海通道更具货运潜力。沪舟甬跨海通道将带来港口—腹地可达性的变化,从而引起港口—腹地吸引力的相应变化。例如,沪舟甬跨海通道有利于上海洋山港和宁波—舟山港两大枢纽港口在岸线、泊位、堆场等资源上的整合,促进两大港口的强强联合。沪舟甬跨海通道连接上海洋山港和宁波—舟山港这两大长三角关键货运枢纽,能够加速两大港口的临港地区和腹地的产业转型升级,增强二者之间的产业分工协作。

5.1.2　建设原则

出于工程地质、外海环境、已有航道、生态保护等原因,沪舟甬跨海通道建设面临自然环境条件恶劣,以及与航道、自然保护区协调困难等难题,导致其建设具有区域利益冲突大、沟通协调难度高、工期日程优化挑战高和生态保护制约强的特点。虽然长三角地区比较富庶,建设、科创的投入资金充裕,但是沪舟甬跨海通道建设涉及的跨省建设费用协调问题和管理所属权归属问题,以及如何促使沪舟甬跨海通道沿线各级地方政府形成经济性共识的问题,仍旧是沪舟甬跨海通道建设面临的巨大挑战。因此,为保障沪舟甬跨海通道建设的稳步推进,实现其品质工程标杆的建设目标,除了工程建设的基本原则外,沪舟甬跨海通道建设还需要把握三项基本原则:一是社会性原则;二是未来性、成熟性和实用性原则;三是安全性和环境性原则。

1) 社会性原则

沪舟甬跨海通道的建设响应了长三角一体化、交通强国和海洋强国等国家战略,满足了长三角地区的交通需求和未来城市需求,其本身就承担了极强的社会责任和社会需求。因此,在建设中需要把握其社会性。

社会性体现在考虑公众需求和社会经济发展的需要上。对沪舟甬跨海通道而言,其社会性包括但不限于满足沿线城市的交通通行需求,带动港口经济和港口—腹地联动发展,促进资本、技术和人才的流动,助力沪舟甬三地和沿线城市的发展。因此,在建设中,应提前预测交通量和交通方式的变化,以及沿线区域产业转型升级的需求,完善品质工程标杆建设的目标。

2)未来性、成熟性和实用性原则

沪舟甬跨海通道承担着满足未来交通需求和城市发展需求的任务,因此,其建设具有未来属性。对未来性的把握主要体现在沪舟甬跨海通道的规划设计阶段,即在规划设计时,需要考虑沿线区域的未来发展需求,加强沪舟甬跨海通道的交通要道属性和未来可拓展属性。此外,沪舟甬跨海通道公铁同建的建设标准相对较高,因此对其建设技术和管理水平的成熟度和实用度有较高要求,即其建设具有成熟性和实用性。

3)安全性和环境性原则

宁波—舟山港和上海洋山港均是十分繁忙的港口,对航道需求高,因此,在沪舟甬跨海通道建设中需要把握安全性原则,需要对正常的交通航行和沪舟甬跨海通道建设需求进行充分协调。同时,海域生态承载力、产业布局等均对沪舟甬跨海通道建设有很大影响,海洋生态压力和污水排放等均需在沪舟甬跨海通道建设的环保约束中得到平衡,即沪舟甬跨海通道建设需要满足环境性原则。

5.2 沪舟甬跨海通道品质工程标杆建设的需求

5.2.1 资源需求

1)人员需求

人是项目建设的主要因素,也是项目管理的重要参与者,人员是沪舟甬跨海通道品质工程标杆建设中的核心资源。除现场基本人员外(如工程施工人员、项目设计人员、工程监理人员、材料供应人员、项目管理人员、项目决策人员及其他相关人员),还需根据项目的特性确定其他人员需求。

　　沪舟甬跨海通道建设是跨沪浙二地的多方协作工程,其品质工程标杆建设不仅需要技术人员,对管理人员的需求也根据其所处位置不同而有变化。以港珠澳大桥为例,其建设需要整个粤港澳大湾区地方政府的参与,因此,不仅成立了项目级别的人员组织机构,如项目总经理部、设计分部、施工工区,还成立了由各参建单位主要行政领导组成的跨区域的项目联合体指挥部,由项目联合体指挥部牵头人任指挥长,共同对项目实施过程的重大问题进行协调、决策。项目联合体指挥部授权项目总经理全权负责项目具体组织实施工作,项目总经理兼任项目联合体指挥部副总指挥兼会议召集人。参考上述成功案例,并根据沪舟甬跨海通道建设项目的特点,可以确定如图5-1所示的沪舟甬跨海通道品质工程标杆建设的人员需求。

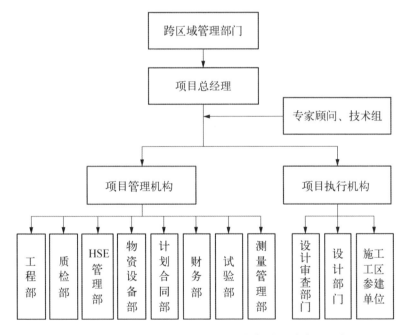

图5-1　沪舟甬跨海通道品质工程标杆建立的人员需求

　　在图5-1中,从项目整体角度出发,沪舟甬跨海通道建设涉及上海、大洋山、舟山、岱山、宁波等地,由上海市和浙江省舟山市、宁波市共同建造,因此,项目需要组建跨区域层面上的组织协调机构,由各参建单位行政领导组成跨区域管理部门,由沪舟甬三地建设单位行政负责人担任该跨区域管理部门的负责人。从项目层面出发,沪舟甬跨海通道建设需要项目管理机构和项目执行机构,其中,项目管理机构包括工程部、质检部、健康、安全和环境(HSE)管理部、物资设备部、计划合同部、财务部、试验部、测量管理部等,而项目执行机构则包括设计部门、设计审查部门和施工工区的各参建单位。

2)材料需求

工程材料一般指直接构成工程实体的物资,施工现场常见的如钢材、木材、水泥、砖瓦、砂石、陶瓷、玻璃、塑料、橡胶、沥青等金属、非金属和复合材料等。考虑到沪舟甬跨海通道品质工程标杆建设面临的恶劣建设条件,以及120年到200年的设计使用寿命要求,高性能、长寿命的复合材料、合金材料的需求变得十分迫切。由此可见,工程材料的质量控制是助力沪舟甬跨海通道品质工程标杆建设的重要基础。

材料的选择对塑造品质工程标杆具有至关重要的作用。沪舟甬跨海通道的建设不仅要考虑材料的创新性和经济性,还要重点关注材料在海水环境下的抗腐蚀性、后续的替换和维护的便利度。因此,沪舟甬跨海通道建设中材料的使用不仅要兼顾使用前、使用中和使用后的全过程管理,还需要强大的材料追踪和管理系统。

为此,首先需要抓牢使用前的控制。在材料采购阶段,需要充分把握和了解目标材料的性能、使用条件、使用方式和预测寿命,严格按照质量标准采购内在和外观质量均符合要求的材料,从源头处把控材料质量。在材料进入施工现场阶段,需要建立详尽的材料档案,便于检查材料外观、质量等方面的凭证文件,为后续材料检验打下基础。在材料使用前,需要由施工工区核查材料档案(即质量证明等文件),需要检验的材料待取样检验合格后才能进入使用阶段。

其次,在材料使用阶段应严格按照质量检验的标准,检查材料的外观质量,如颜色是否均匀一致,直径、壁厚、尺寸、厚度是否满足设计与规范要求,标识是否清晰等;并按照规定的取样方法进行取样,检验合格后方能使用。此外,材料的现场管理也非常重要,包括但不限于正确的材料现场堆放和管理,编制详细的工程材料及构配件进场计划表以保障材料进场控制和后续管理,对特殊材料应注意其存放规则,如水泥等材料,要放置在专门搭设的棚内,既要能防雨,地面也应垫高以防止水将其浸湿,材料表面还应用防雨布搭盖。

最后,在材料使用后应建立工程材料检验台账,记录好材料名称、规格、单位、数量、进场日期、生产厂家、使用部位、见证人等信息,放进材料档案存档备查。另外,还需要对材料进行跟踪检查,发现不合格的材料需尽快撤走。

3）设备及工具需求

设备和工具是施工现场建设活动必不可少的要素,是进行工程活动的主要资源,其需求及其管理对于沪舟甬跨海通道品质工程标杆建设至关重要。一般而言,设备的现场管理具有统一的要求,如下所述。

（1）所有进场的施工机具必须提前申报,工程设备申报单必须注明进场机具的型号、数量及有关参数,在进场时做好登记,将登记表上报施工总承包单位,并随表附上进场机具的合格证。施工总承包单位将随时对进场机具进行检查。

（2）施工机具的使用必须符合有关施工机具安全操作规程及安全用电要求。施工机具不得带病作业。

（3）检验、测量及试验设备包括已在施工现场使用的经纬仪、水准仪、游标卡尺、500毫米以上钢直尺、压力表、氧气表、乙炔表、绝缘电阻表、万用表、电流表等施工现场所有使用的机具设备、仪器,它们都必须是经政府部门检测合格后,并在有效期内完好无损的。一般钢卷尺必须有出厂检验合格证。

（4）施工总承包单位在施工过程中随时对各类设备、仪器及钢卷尺进行检查。若发现没登记、不合格、已损坏过期的机具正在使用及处于待用状态,施工总承包单位将按其使用的情况,对其进行重新检查,直到合格为止。

（5）进入现场的施工机具必须自觉接受施工总承包方机械管理员的检查,在检查中发现的不符合要求的施工机具必须立即停止使用,并于规定时间内撤至场外。

（6）施工机具在使用时严禁带电移动,接、拆线路必须由专业电工负责。专业电工必须持证上岗,并将上岗证复印件报施工总承包方机械管理员备案。

在沪舟甬跨海通道品质工程标杆建设中,对在外海恶劣环境下施工的各类大型设备的要求较普通工程高,对设备的现场管理要求亦高。因此,沪舟甬跨海通道品质工程标杆建设过程中的设备的选择,应充分考虑其项目特性,加强不同阶段的设备状态监测与维护记录,并积极针对外海恶劣环境施工的特性研发专用的施工设备,以提升施工效率、施工质量安全水平。

此外,大型设备的状态监测和施工危险区域的划分,对工程进度和现场安全影响巨大。因此,在沪舟甬跨海通道品质工程标杆建设中,应在施工现场布控传感器、摄像头以监测大型设备及其周围情况,实现大型设备实时状态数据搜集及其作业危险度预测和预警,从而保证现场安全与施工进度。

4) 能源需求

工程建设中常见能源主要包括项目建设所需的水、电、气、油等。在现场施工中,水、电是最重要的两种能源。沪舟甬跨海通道品质工程标杆建设需要在绿色、节能等方面发挥示范作用,因此,对于水、电这两种能源的需求不仅体现在能源本身,还体现在能源的管理上。例如,按品质工程标杆建设需要,合理布置施工现场临时用水用电管线;需要建立水、电等能源的现场使用量记录,严格监控用水用电情况,及时发现水、电浪费情况并予以控制;此外,应建立施工现场能源的损耗及消耗预测,据此制订节能计划并付诸实施。

除了要注意节省能源,还必须重视排污。在沪舟甬跨海通道品质工程标杆建设过程中,开工前应到环保部门进行排污申报登记,办理临时排放许可证。在临时建筑建设阶段,应统一规划排水管线,包括建立雨水排水系统并入市政雨水管网,建立独立的污水管网并与市政污水管网相接等。在施工建设阶段,应确保雨水管网与污水管网分开使用,严禁将非雨水类的其他水体排进市政雨水管网;现场交通道路和材料堆放场地应统一规划排水沟,控制污水流向,并应设置沉淀池,污水经沉淀后再排入市政污水管线,严防施工污水直接排入市政污水管线或流出施工区域污染环境;施工现场厕所设化粪池,所产生的污水经过分解、沉淀后通过施工现场内的管线排入市政的污水管线,清洁车定期对化粪池进行处理;罐车冲洗、运土车清洗所产生的污水经沉淀后排入市政污水管线,严禁在施工现场出现乱流现象。同时,应重视、加强对施工现场存放的油品和化学品的管理,对存放油品和化学品的库房需进行防渗漏处理,防止油料跑、冒、滴、漏污染水体。

5) 其他资源需求

在沪舟甬跨海通道品质工程标杆建设中,除以上资源外,还有常见的有形资源,包括办公用品、工程现场所需的标牌广告、人员居住所需的临时宿舍、现场管理的门房门禁、电子监控、通信网络等,而常见的无形资源则包括对人员的教育和培训、建设过程中对人员的培养、人员的可持续发展等。

综上所述,沪舟甬跨海通道品质工程标杆建设中的所有资源需求均由人员主导,人员是各类资源的使用主体,各类资源是沪舟甬跨海通道品质工程标杆建设目标实现的要素。因此,在沪舟甬跨海通道品质工程标杆建设的资源需求中,对人员资源的需求是最高的,也是最重要的。

5.2.2 发展需求

沪舟甬跨海通道是长三角一体化中重要的交通基础设施,其品质工程标杆建设能够推动长三角深度一体化提速。为实现该目标,沪舟甬跨海通道品质工程标杆建设需要满足如图 5 - 2 所示的两个发展需求:一是交通发展需求,包括交通量的发展需求和交通方式的发展需求;二是城市发展需求。

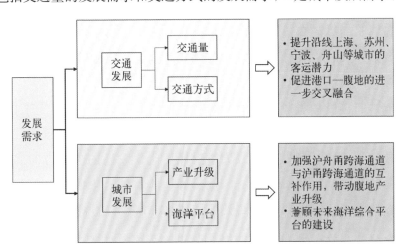

图 5 - 2 沪舟甬跨海通道品质工程标杆建设面临的发展需求

首先,沪舟甬交通量发展的需求来源于长三角一体化下沪舟甬三地发展的需要。通过鼓励人员在沪舟甬三地顺畅流动,推动三地开展科研、技术、产业合作,从而助力长三角一体化进程。在此过程中,客运方面,沪舟甬跨海通道不仅承担了舟山的城际出行服务职能,还需满足沪舟甬三地工作人员的职住分离、异地通勤的需求;在货运方面,沪舟甬跨海通道能够连接世界第一集装箱港——上海洋山港和世界第一货运港——宁波—舟山港这两大世界级港口,在货运上具有很大的竞争优势。因此,沪舟甬三地的交通量在未来有巨大的增长潜力。浦再明等学者指出,从经济社会发展现实需求看,建设上海跨海大通道,不仅是解决交通运输发展的基本需求,更重要的是适应我国整个经济社会转型与升级的战略需要,形成可规划、可想象的巨大战略空间。尤其是,有助于整个舟山地区与上海的"同体、同城、同核"发展……从地缘经济的角度看,建设跨海大通道,舟山与上海将形成"1~2小时经济圈",有利于充分利用上海都市圈的人才、资金、技术等方面溢出效应,推动整个区域的跨越式发展[2]。由此可见,沪舟甬跨海通道品质工程标杆建设主要承接和解决上海、宁波、舟山等地职住通勤交通量的发展需求。

其次,交通方式发展的需求来源于交通行业的发展,包括运载工具的发展、交通制造业的发展。运载工具的发展能够帮助无人驾驶等先进交通方式具象化,而交通制造业的发展则围绕优质制造展开,能够实现运载工具的精益制造,从而推动交通行业的蓬勃发展。因此,在交通方式发展方面,沪舟甬跨海通道品质工程标杆建设必须重点考虑无人驾驶等智能交通方式的快速发展和落地应用需求。

最后,目前陆域资源的逐渐紧张和能源的日益短缺,使得未来世界城市的发展将向海洋延伸。依托海洋综合平台而建立的"海洋城市"的出现将不再是一个新鲜事物,它将成为世界城市未来发展的主要方向之一,并且海洋综合平台具有极高的经济、社会和国防价值。因此,考虑到品质工程标杆的示范作用和未来的发展需求,沪舟甬跨海通道建设中应预留一定的"海洋平台综合体"的接口,即还需要兼顾未来海洋综合平台综合体的发展需求。

5.2.3　技术需求

技术是品质工程标杆建设的基石,品质工程标杆的建设离不开技术支撑。然而,沪舟甬跨海通道品质工程标杆建设对技术的需求不仅在于技术本身,还涉及技术研发与应用的闭环管理,包括科技创新组织、技术管理、技术攻关与试验、技术创新、技术应用等方面。其中,按照建设需求设立合理的技术研发目标,加强对技术研发的选题、立项、组织实施、验收鉴定、推广应用的全过程管控,是沪舟甬跨海通道品质工程标杆建设中技术需求的核心内容。

虽然我国在跨海通道建设方面已有较为成熟的技术基础,但是对于沪舟甬跨海通道品质工程标杆建设面临的恶劣建设条件和超长设计使用寿命的建设目标,仍然需要大力开展技术的自主创新。对此,首先需充分发挥上海和浙江的技术优势,组建跨区域、跨部门的技术攻关团队。上海和浙江汇集了几百家高校和科研机构,具备充足的技术研发基础,能够组建实力雄厚的技术研发团队。其次,还需要利用长三角地区的经济优势,积极引入国内外具有技术优势的科研团队,共同开展技术研发。

5.3　沪舟甬跨海通道品质工程标杆建设的资源禀赋

5.3.1　长三角专业技术人员基础

长三角地区不仅具有雄厚的经济实力,而且专业技术人员数量在全国也名列前茅。以上海为例,截至 2023 年 8 月,上海专业技术人才队伍总量已超过 300 万人,享受政府特殊津贴的 1 万余人,入选上海领军人才的 1 739 人,培育出站博士后 3 万余人,资助超级博士后 2 435 人[3]。沪舟甬跨海通道品质工程标杆建设对于人员资源的需求,不仅在于人员数量,还在于人员的素质和质量,即专业技术型人才和管理类人才的数量。目前,上海和宁波都在不断推陈出新地更新人才政策,如表 5-1 所示,已经形成了"吸引人才→培养和开发人才→留住人才→应用人才"的闭环,这对于沪舟甬跨海通道品质工程标杆建设是一大利好。

表 5-1 上海和宁波人才政策现状简述

人才政策分类	上 海	宁 波
吸引人才	开展人才定级,分行业吸引人才,如光子科学与技术、脑科学与人工智能、航空航天、船舶与海洋工程、高端装备与智能制造、新能源、新材料、物联网、大数据等	对海外高层次人才、外籍人才、高端创业创新团队、领军人才等均有引进政策
培养和开发人才	出台《关于深化人才工作体制机制改革促进人才创新创业的实施意见》,开展曙光计划、万名海外留学人才集聚工程、上海海外高层次人才集聚工程、引进千名香港专才计划、上海·杨浦国家级海外高层次人才创新创业基地"3310"计划、上海市浦江人才计划	出台了《宁波市千名海外留学人才集聚工程实施意见》《关于加快创新型领军和拔尖人才引进培养的实施办法》等开发人才的政策。对高端创业创新团队提供 500 万~2 000 万元的人才经费和科研经费的资助,列入市计划的海外人才,一次性给予 100 万元的创新创业经费资助,列入中央及省计划的各类人才,给予 1∶1 配套资助
留住人才	落户政策、解决住房问题、提供额外医疗保险等	提供子女入学、住房补贴及过渡住房等政策
应用人才	鼓励创新,注重科技发展,加强产学研一体化,强化科技创新策源能力,打好关键核心技术攻坚战,围绕产业链部署创新链,构建"基础研究+技术攻关+成果产业化"的创新生态链	鼓励各类人才开展创新创业,特别是海洋高技术、节能环保、设计创意、生命健康等新兴四大产业;新能源、新材料、新一代信息技术、新装备等新兴四大战略性产业;电工电器、汽车及零部件、石化、纺织服装等优势四大传统产业;教育、卫生、文化和现代农业、现代服务业等社会发展重点领域

5.3.2 长三角合作机制

2008 年 9 月《国务院关于进一步推进长江三角洲地区改革开放和经济社会发展的指导意见》(国发〔2008〕30 号)的出台,标志着长三角正式拉开了一体化的序幕。2021 年 6 月印发的《长三角一体化发展规划"十四五"实施方案》更是将长三角一体化从 2 倍速调快到了 3 倍速。在 2010—2023 年间,长三角各地市也形成了多种合作机制,如建设科技创新共同体、走长三角生态绿色一体化之路、开展产业联动合作及科技专利合作等。借鉴参考上述较为成熟的合作机制,沪舟甬跨海通道品质工程标杆建设的多方合作机制主要体现在以下四个方面。

1) 政府间的合作

政府间的合作对沪舟甬跨海通道品质工程标杆建设至关重要,其原因不仅在于各个地方政府之间的合作有助于推进生产要素的空间流动和配置优化,还在于政府是沪舟甬跨海通道品质工程标杆建设的重要参与方。政府这个角色活跃于沪舟甬跨海通道工程的策划、立项、设计、施工、验收和运维等全生命周期各个阶段,承担着保障和监管的职能。在立项阶段,沪舟甬三地政府需要就沪舟甬跨海通道品质工程标杆建设的目标、要求、权责分配等达成一致,确定三地政府间的合作框架。在设计、施工、验收和运维等各阶段,三地政府需要为沪舟甬跨海通道品质工程标杆建设提供有效的帮助和支撑,如发布推进建设的政策,最终建立一个完备的三地政府长效合作机制,对沪舟甬跨海通道品质工程标杆建设进行保障和监管。

2) 跨组织、跨区域的合作

跨组织合作是"一种合作与互动的过程,来自不同组织的参与者,既不完全依赖市场,也不完全依赖法律等机制,制定共同的规则、规范和结构,就共同问题采取行动和决定"[4]。在沪舟甬跨海通道品质工程标杆建设中,沪舟甬三地政府共同参与,各参建单位来自不同组织、不同区域,形成了跨组织、跨区域多方参与的超市场合作关系。

跨组织、跨区域合作最重要的目标是"共赢"。沪舟甬跨海通道建设的跨组织、跨区域合作的动因如下:首先,需要整合与沪舟甬跨海通道建设相关的各个组织、各个区域的资源,发挥它们各自的优势以实现优势互补,满足沪舟甬跨海通道品质工程标杆建设的需求;其次,依托沪舟甬跨海通道品质工程标杆的建设,上述各个组织能够掌握大型跨海通道品质工程标杆建设的技术和能力,增强其核心竞争力,而上述各个地区可以提升当地基础设施水平并促进当地经济发展,从而实现多方共赢。

在沪舟甬跨海通道品质工程标杆建设的跨组织、跨区域合作中,一方面要梳理各个组织、各个区域的内部资源,另一方面要拓展它们的外部资源,以进行优势资源整合,最终形成新技术、新装备等成果以推动沪舟甬跨海通道品质工程标杆建设。图5-3对沪舟甬跨海通道品质工程标杆建设的跨组织、跨区域合作的作用进行了解析。

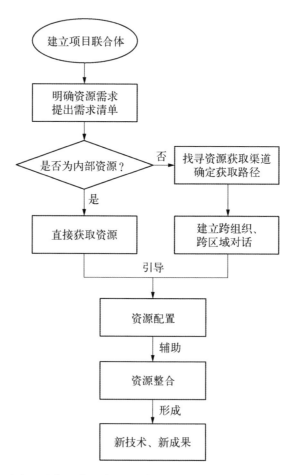

图5-3　沪舟甬跨海通道品质工程标杆建设跨组织、跨区域合作的作用解析

3) 跨行业合作

由于沪舟甬跨海通道品质工程标杆建设需要的资源种类多、行业分布广,因此跨行业合作将成为其重要抓手之一。为此,"沪舟甬跨海通道建设战略研究"项目根据沪舟甬跨海通道品质工程标杆建设的实际需求,提出

了基于产业链的上下游单位/企业跨行业合作、基于资源互补的单位/企业跨行业合作两种形式。

在沪舟甬跨海通道品质工程标杆建设的技术、装备研发和应用过程中，这两种跨行业合作形式都可以采用。此时，需要成立专项技术联合开发小组、合作动态联盟，或进行跨行业技术委托等，以提升跨行业合作创新的成果水平和绩效。这两种跨行业合作形式的不同之处在于：基于产业链的上下游单位/企业跨行业合作更多应用于新装备的开发和集成，如设计单位承担新装备的创新构造设计任务，制造单位负责新装备的按图加工制造，施工单位则通过使用新装备提出改进意见以推动新装备的更新迭代；而基于资源互补的单位/企业跨行业合作则更多应用于新技术的研发和攻关，如依托高校和科研机构的强大科研资源研发新技术，施工单位则负责提出技术攻关需求，并提供丰富的实践应用场景完成新技术的落地应用。

4）人才共享

在沪舟甬跨海通道品质工程标杆建设过程中，对人才特别是土木、交通、机械、信息控制类高端技术人才的需求是巨大的，需要借助长三角地区的人才库和人才共享机制满足上述人才需求。

长三角地区在人才共享机制上已经初具体系化雏形。例如，2019年9月，在浙江嘉兴举办的第二届G60科创走廊人才峰会上，上海（松江）、杭州、嘉兴、湖州、金华、苏州、合肥、芜湖、宣城等长三角九城共同签署了《深化G60科创走廊九城市人才交流合作协议》。此外，根据复旦大学2022年10月发布的智库报告《长三角生态绿色一体化发展示范区人才一体化发展指数》[5]，长三角生态绿色一体化发展示范区对人才的经济支撑力和环境吸引力逐步增加，人才聚集力稳定提升，这说明区域一体化下的协同共治可以有效促进人才高质量集聚和高效流动。由此可见，在沪舟甬跨海通道品质工程标杆建设中开展人才共享，具有坚实的政策和经济基础。

然而，长三角地区人才资源配置仍旧存在不均衡现象，例如上海比宁波更具备人才聚集力。因此，长三角地区间的人才共享还需进一步深化，如进一步深化落实专业人员职业资格、技术职称和继续教育学时的互认工作等。

5.3.3　长三角技术积累

长三角各省市的定位不同,例如,上海市的目标是建成具有全球影响力的科技创新中心城市,而浙江省则注重"体系建设",致力于建立强激励的科研转化制度,并持续强调企业的主体作用和政府的引导作用。根据上述定位,长三角三省一市发挥各自优势,分别建立了 G60 科创走廊、长三角双创示范基地联盟等科创联合体组织,提出了构建长三角科技创新共同联合体,共同搭建长三角科技资源共享服务平台,共享科创成果,共同增强长三角地区的科创实力,服务于区域经济建设的目标。因此,长三角地区不仅技术水平提升迅猛,而且技术交流协同创新也在蓬勃发展,能够从技术水平和科研能力、技术流动、政策支持等三个方面,为沪舟甬跨海通道品质工程标杆建设提供雄厚的技术支撑。

1) 技术水平和科研能力

在世界知识产权组织(WIPO)发布的《全球创新指数 2023》的"最佳科技集群"中,上海—苏州科技集群在世界范围内排第 5 位。根据相关统计,截至 2020 年,长三角地区高校和研究机构数量如下:上海市 384 所、江苏省 936 所、浙江省 479 所、安徽省 488 所。承担的研究与发展项目数量如下:上海市 44 182 项、江苏省 50 125 项、浙江省 39 953 项、安徽省 26 021 项[6]。根据《2023 上海科技进步报告》,上海的全社会研发经费占地区生产总值的比例(即研发投入强度)预计为 4.4% 左右。2022 年,浙江省研究与试验发展经费(即 R&D 经费)投入达 2 416.8 亿元,同比增长 12%;研发经费投入强度为 3.11%,比上年提高了 0.2 个百分点[7]。《浙江省科技创新发展"十四五"规划》中提出:到 2035 年预计科技研发支出占全省生产总值的比例达到 4%。据初步预计,2023 年宁波全市研究与试验发展(R&D)经费投入继续保持两位数增长,R&D 经费投入强度首次突破 3%,创历史新高;相关数据显示,2022 年宁波全市各类企业 R&D 经费达 412.4 亿元,比 2021 年增长 12.0%,占全市 R&D 经费的比例达 89.4%[8]。2021 年舟山全市研究与试验发展(R&D)经费投入 34.1 亿元,比 2020 年增长 29.2%,增速比浙江全省平均高 13.2 个百分点,增速居浙江全省第一;R&D 经费投入强度（R&D经费与地区生产总值之比）为2.00％，创历史新高，在浙江全省排名为并列第9位[9]。由此可见，长三角地区拥有雄厚的科研基础和科研实力。在强大的科研投入条件下，长三角地区的科技水平得到了显著提升。这对沪舟甬跨海通道品质工程标杆建设而言是积极利好。

此外，长三角地区的交通基础设施建设完善，已经奠定了非常雄厚的建设技术基础，再加上港珠澳大桥、深中通道、大连湾海底隧道等大型跨海通道项目的建设技术积累，沪舟甬跨海通道品质工程标杆建设的技术基础是十分夯实的。

2）技术流动

随着长三角一体化进程的深入，长三角地区先进技术的研发日益精进，不同区域、不同组织之间的技术流动协作机制也日益完善。其中，上海技术交易所等机构的成立为长三角地区技术流通提供了有效的平台。据统计，开市30年以来，上海技术交易所累计交易额已超325亿元，2023年累计交易额近190亿元，服务国内外高校、科研院所、医疗机构等创新主体230余家，推动科技成果权益登记和评价上万项，为252家企业提供金融授信服务，累计授信融资额达37.22亿元[10]。

同时，长三角科技创新共同体正在加速成长，跨组织、跨区域的协同创新快速发展。根据上海市科学学研究所、江苏省科技情报研究所、浙江省科技信息研究院、安徽省科技情报研究所共同发布的《长三角区域协同创新指数2024》，长三角区域协同创新指数已从2011年的100分（基期）增长至2023年的267.57分。具体来讲，有五方面的评分衡量：① 从成果共用指标看，从2018年的159.24分提高到2023年的409.89分，年均增速达20.82％；② 从资源共享指标看，从2018年的197.51分增长到2023年的299.08分，年均增速达8.65％；③ 从创新合作指标看，从2018年的133.33分增长到2023年的203.87分，年均增速达8.86％；④ 从产业联动指标看，从2018年的182.70分增长到2023年的215.41分，年均增速达3.35％；⑤ 环境支撑指标小幅上涨至209.58分。

综上所述，长三角地区的技术流动协作机制为沪舟甬跨海通道品质工程标杆建设提供了坚实的支撑。

3）政策支持

在国家层面上，2015 年颁布了《中华人民共和国促进科技成果转化法》修订案，2020 年发布了《国务院关于促进国家高新技术产业开发区高质量发展的若干意见》，2021 年《中华人民共和国科学技术进步法》进行了第二次修订，2023 年发布了《中华人民共和国科学技术普及法（修改草案）》征询意见稿。2018 年习近平总书记在上海考察时指出，上海要"在增强创新策源能力上下功夫"。

在地方层面上，上海市于 2017 年已经出台了《上海市促进科技成果转化条例》《上海市促进科技成果转移转化行动方案（2017—2020）》；2019 年出台了《关于进一步深化科技体制机制改革　增强科技创新中心策源能力的意见》《上海市标准化条例》；2020 年颁布了《上海市推进科技创新中心建设条例》《上海市知识产权保护条例》；2021 年出台了《上海市促进大型科学仪器设施共享规定》《上海市促进科技成果转移转化行动方案（2021—2023年）》《上海市建设具有全球影响力的科技创新中心"十四五"规划》；2022 年颁布了《上海市数据条例》《上海市科学技术普及条例》；2023 年开展《上海市科学技术进步条例》的修订立项论证，并出台了《上海市科技成果转化创新改革试点实施方案》。

浙江省 2017 年出台了《浙江省促进科技成果转化条例》，2019 年颁布了《浙江省技术转移体系建设实施方案》《关于进一步完善省级科技计划体系　创新科技资源配置机制的改革方案（试行）》，2020 年出台了《浙江省实验室体系建设方案》《环杭州湾高新技术产业带发展规划》《浙江省人民政府关于全面加强基础科学研究的实施意见》，2021 年颁布了《浙江省标准化条例》《浙江省中长期科技创新战略规划》《浙江省科技创新发展"十四五"规划》，并修正《浙江省技术市场条例》和《浙江省促进科技成果转化条例》，2022 年出台了《浙江省公共数据条例》《浙江省知识产权保护和促进条例》《浙江省国际科技合作载体体系建设方案》《关于推动创新链产业链融合发展的若干意见》《推动高质量发展建设共同富裕示范区科技创新行动方案》，并修正《浙江省高新技术促进条例》，2023 年颁布了《浙江省科学技术进步条例》《浙江省开展科技成果转化"双百千万"专项行动方案》。

此外,长三角地区历来重视技术的开发和应用。由科技部战略规划司和长三角三省一市科技厅(委)共同组建的长三角科技创新共同体建设工作专班,为长三角科技创新共同体联合攻关合作机制提供政策层面上的保驾护航。

综上所述,沪舟甬三地的技术基础良好,技术积累丰厚,政府的扶持力度大,这对沪舟甬跨海通道品质工程标杆建设均是较大利好。

5.4 大型跨海通道品质工程标杆建设基础

我国品质工程建设历经多年,而在跨海通道方面,具有标杆性质的大型跨海通道类品质工程主要包括港珠澳大桥、大连湾海底隧道与深中通道等。它们的成功建设表明,沪舟甬跨海通道品质工程标杆建设拥有坚实的建设基础。

1) 港珠澳大桥

港珠澳大桥全长约 50 千米,除主体工程"海中桥隧"长达 35.6 千米外,粤港澳三地共同建设的主体工程长约 29.6 千米,因此需要粤港澳三地通力合作。港珠澳大桥项目建设工程量巨大,技术、管理等方面的综合难度要求高,工期紧张且质量要求高,是中国最具挑战性的跨海工程之一。其建设难度具体体现在三个方面:首先,粤港澳三地法律法规、技术标准与水平、管理模式与要求上有诸多不同,需要多方协调、达成共识。其次,在桥、岛、隧一体建设过程中,我国有很多技术空白需要找寻解决方案,如缺乏外海沉管隧道建造技术积累等。最后,在开敞海域孤岛上施工,台风等天气频繁侵扰,海岛及海上作业条件差,因此工作人员在作业中面临自然环境和心理上的双重挑战。

对此,港珠澳大桥项目总经理部遵循本质管理思想,从本质质量与本质安全的角度出发,将"人"作为一种重要要素,激发"人"的主观能动性。通过采用设计施工总承包方式,确定"以精细化勘察为基础,以科研为支撑,以专用设备开发为保障,以标准化管理及风险预控管理为手段,设计与施工互动,总部与工区联动"的建设思路,构建了包含文化引导、风险驱动、资源整合、团结协作、自主创新、可持续的高效质量管理模式。该模式具体表现为:① 秉承党建引领、以人为本的思路,构建质量文化,尊重每一位工作人员,让建设者"体面劳动、全面发展",打造"人心工程"。② 以风险驱动为核心思想,构建风险管理体系,制定风险管理措施;整合多家单位资源,开展协作联动,保障安全与质量管理工作。③ 以技术专题研究与试验、与外国技术企业合作等方式,开展自我创新;整合全球优势资源,推进关键工艺、关键设备研发及应用;利用信息科技实现工程管理的高精度。④ 在工程中融入东西文化交汇交融的粤港澳地域特色,打造实用与美观、兼收并蓄的时代性工程。

2)大连湾海底隧道

大连湾海底隧道建设工程的道路等级为城市快速路,海底隧道全长5 098米。该项目属于大连市五年发展计划纲要的重大民生工程项目,是我国北方海域第一条大型沉管隧道。该项目面临技术和环境的双重挑战。首先,该项目是我国首次将"顶进节段法"施工工艺投入工程实践应用,项目交付时也需进行"实体工程+数字化工程"双产品移交;其次,该项目建设地址的地质条件复杂,航道繁忙;最后,该项目选址无法避让大连港丙码头和北防波堤等不可移动文物且地处大连中心城区,同时还要兼顾将该项目塑造成大连的城市名片的任务。

为应对以上问题,在工程管理实践中,项目总经理部建立了覆盖"人—机—料—法—环—测"全要素的质量管理体系;采用了以项目质量总监为核心的质量监督体系,开展全过程质量管控,包括严控首件施工质量、强化过程质量巡查、加强混凝土生产全过程质量控制等;利用预判来提升风险管理效率,如通过BIM进行施工现场模型搭建,进行工艺、进度等预演,提前预测施工风险;将人本化融入质量管理,组织施工交底会、技术交流活动、质量培训、技术攻关小组等,创建交流机制以提升人员的质量认知,攻克工艺难题,提升现场的作业效率。

3)深中通道

深中通道是集"桥、岛、隧、水下互通"于一体的世界级集群工程,主要包括长 6.8 千米的世界首例双向八车道钢壳混凝土沉管隧道,以及世界最大跨径 1.67 千米的全离岸海中悬索桥。该项目建设能够推进珠三角东西两岸互联互通,助力粤港澳大湾区城市群的融合发展,对广东省高质量发展具有重要战略意义。深中通道已于 2024 年 6 月 30 日建成通车。该项目地处珠江口,水利条件复杂,技术难度高且施工难度大;施工区穿越航道多且繁忙,协调难度高;工期贯穿多个台风期且孤岛作业时间长,人员作业风险高;沉管浮运穿越珠江口中华白海豚保护区,环保要求高。

针对上述难题,工程总承包单位首先整合了各个参建施工企业的优质建设资源,成立深中通道工程项目经理部,遵循"扁平化、集约化"管理思路,采用一级架构管理层级,由项目经理部全面负责各项工作。其次,对施工内容、技术要求进行分解,进一步设立了项目经理部中的职能部门和专业化施工分部,提升管理效率。最后,挖掘参建施工企业内部专家资源,并加强与外部高校、科研机构的合作,开展多项技术试验,突破技术难关。项目经理部将精益建造的理念贯穿深中通道工程建设全过程,兼顾了美观与实用;并从培养梯队的角度出发,根据人员分类,开展项目内部培训、外部专家授课和对标交流学习等多种形式的技术培训,培养外海岛隧建设技术核心团队,持续提升人员胜任力。

综上所述,这三个大型跨海通道项目均具有地区级、国家级战略意义,均面临施工环境、环保、工期、人员管理等方面的挑战,也都有针对性地采取卓有成效的品质工程建设管理手段,如表 5－2 所示。

表 5－2　具有标杆性质的跨海通道品质工程建设与管理实践案例

项　　目	港珠澳大桥	大连湾海底隧道	深中通道
开工时间	2009 年 12 月 15 日	2017 年 3 月 30 日	2016 年 12 月 28 日
工程结构	集"桥、岛、隧"于一体	道路、海底隧道、陆地隧道	"桥、岛、隧、水下互通"为一体
品质工程建设管理难点	工期紧、要求高、作业环境差	创新技术首次实践应用,技术难度高、文保与环保要求高	环保要求高、施工环境复杂

项　目	港珠澳大桥	大连湾海底隧道	深中通道
组织结构	成立联合体指挥部、设计施工总承包项目总经理部、总指挥部、专家组,现场扁平化管理	直线—职能制管理模式	遵循扁平化、集约化管理思想,采用一级架构管理层级
技术管理	体系化、标准化,自主创新施工工艺,弥补技术空白	编制创优策划,修订质量验收标准,工艺创新	利用科研试验开展集中攻关,融合 BIM 和信息化技术开展智能建造
风险管理	开展过程式风险管理,坚持本质管理	过程数字化预演,预防为主,强化监督	建立风险动态评估和咨询管理机制,严格贯彻"每一次都是第一次"的理念
环境管理	融入地域文化,保护生态,杜绝污染	文明施工	重点关注中华白海豚保护
HSE 管理	坚持以人为本,保障职业健康	以人为本	人本化管理
文化管理	党建引领、打造"人心工程",构建质量文化	加强交流、注重培训	全面培训,打造老、中、青梯队

由表 5-2 可知,这三个大型跨海通道项目的建设时间有先后,因此三个项目间存在品质工程建设管理上的传承和发展,即深中通道项目与大连湾海底隧道项目均延续了港珠澳大桥的品质工程建设管理模式,具体表现在:① 在质量管理体系化和标准化基础上,通过试验进行工艺上的自主创新;② 融合信息化技术和 BIM,开展风险防范和预测,提前规划、制定应急策略,实现人员对风险的主动管控;③ 从以人为本的角度出发,考虑人员的需求并给予充分的尊重,保障职业健康与安全;④ 质量文化反映了组织的质量价值观,因而重视质量文化的建设;⑤ 整个项目管理过程均以"人"为主体展开,引导"人"发挥主观能动性,如图 5-4 所示。

由于工程规模不同,这三个大型跨海通道项目在品质工程建设管理的组织结构上有所差异。虽然在品质工程建设管理方面,深中通道和大连湾海底隧道延续了港珠澳大桥"效率"的原则,但是组织服务于效率,因此根据参建人员的水平和任务目标,从解放人力资源的角度,三个项目分别建立了不同的职能部门服务于工程实践。由这三个具有标杆性质的跨海通道品质工程建设管理实践可以看出,沪舟甬跨海通道品质工程标杆建设管理模式可继续深化以人为核心的理念,开展人工智能等新技术应用,实现工程智慧决策、推动工程创新、增强工程的可持续发展,并为参建人员提供个性化作业策略。

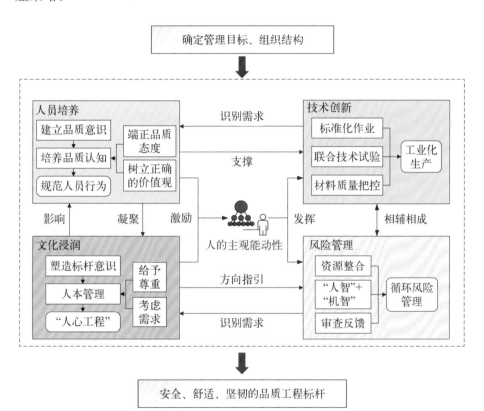

图 5‑4　主要实践案例中跨海通道品质工程建设管理模式

6

沪舟甬跨海通道品质工程
标杆的建设路径

沪舟甬跨海通道建设参与主体众多，涉及不同层级的多个行政区域，需要从全局系统的高度开展其品质工程标杆的建设。本章首先明确了以目标确定、要素使用、科技指引、区域协作为主要模块的沪舟甬跨海通道品质工程标杆建设路径，据此构建了该四大模块与沪舟甬跨海通道建设参与主体之间相辅相成、耦合协作的模块化运作机制；在此基础上，从高效使用"人—机—料—法—环"的要素、自主创新探索技术使用边界的科技指引、发挥"联合体"优势实时互联的区域协作的角度，说明品质标杆建设路径的具体做法。

6.1 建设路径确定

6.1.1 建设路径主要内容

沪舟甬跨海通道品质工程标杆建设是一个系统工程，其目的是形成以科技创新为驱动，引领我国跨海通道品质工程建设。因此，它的建设路径不仅要服务于沪舟甬跨海通道本身，还要具备可推广性，即通过沪舟甬跨海通道的各个参与主体（包括项目的参建人员、参建企业和相关政府部门）在不同渠道进行推广，服务于其他跨海通道的品质工程建设。为实现上述目标，沪舟甬跨海通道品质工程标杆的建设路径的主要内容应包括目标确定、要素使用、科技指引、区域协作等，如图 6‑1 所示。

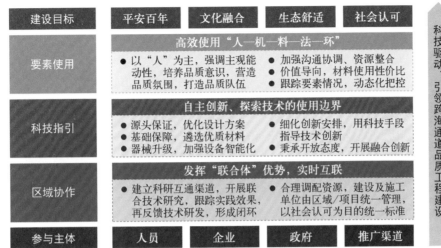

图 6-1　沪舟甬跨海通道品质工程标杆的建设路径的主要内容

　　首先,应确定建设目标。只有目标明确,才能更好地规划品质工程标杆建设。沪舟甬跨海通道品质工程标杆建设的目标不仅仅限于品质要求,即平安百年、使用耐久等,还包括在建设过程中针对沪舟甬跨海通道沿线地区的地域风情,开展跨区域的文化融合,彰显丰富多彩的长三角地域文化;亦需在建设过程中实现沪舟甬跨海通道的可持续发展(即生态性),并关注沪舟甬跨海通道未来使用的舒适性。更重要的是,沪舟甬跨海通道需要能够从"使用者"(即用户)的角度得到社会的广泛认可,彰显其品质工程标杆的社会性。

　　其次,在要素使用上,为达到上述品质工程标杆建设目标,在沪舟甬跨海通道建设过程中,需要兼顾各工程要素,即"人—机—料—法—环"的使用效率。"人"是工程活动的主体,在施工现场控制器械和材料,应用工艺进行施工生产,并处理环境信息。"人"的行为决定了工程的最终品质。因此,为保证沪舟甬跨海通道能够达到最佳的品质工程建设效果,应在其建设过程中注重"人"的作用,即采用人心管理和价值管理的方法,充分调动"人"的主观能动性。在沪舟甬跨海通道建设过程中,需要各个参建单位的建设队伍都能够建立正确的品质工程标杆认知,并利用社会认知的传递性,打造一支技术过硬、素质高的沪舟甬跨海通道品质工程建设队伍。同时,应在沪舟甬跨海通道建设过程中,应用最新的技术手段,动态化严格把控"机—料—法—环"的实时状态,从而使工程要素的生产价值最大化。

再次,在科技指引上,应坚持自主创新、不断突破的原则。在沪舟甬跨海通道全生命周期内均应使用高新技术,不仅包括设计阶段工程项目数字化建模,施工过程中对材料、器械和工程质量的智能追溯、可视化检查,还包括运维阶段的大数据分析、数字孪生等高新技术的应用。其中,对于沪舟甬跨海通道建设中的"卡脖子"技术,应不遗余力地实现核心突破。同时,在沪舟甬跨海通道品质工程标杆建设的自主创新过程中,应秉持开放的态度,不排斥其他行业、其他工程的新技术,将其融合为己所用,并进一步再创新。

最后,在区域协作上,应充分发挥"联合体"的优势。长三角地区区位优越,禀赋丰富,应打破行政壁垒,达成共识,形成统一的"长三角品质工程标杆"标准以提升工程品质;应乘着长三角科技创新共同体的东风,对沪舟甬跨海通道品质工程标杆建设中的重难点技术问题开展联合科技创新攻关,促进不同区域各参建单位的资源共享、要素流通,共同为沪舟甬跨海通道品质工程标杆建设保驾护航。

6.1.2 模块化运作机制

在沪舟甬跨海通道品质工程标杆的建设路径中,目标确定、要素使用、科技指引和区域协作是同步运作且有机结合的四大模块。沪舟甬跨海通道品质工程标杆建设是一个宏大的系统工程,采用模块化的运作思路,不仅能够更好地帮助上述建设路径实施,还能够提升各类要素的使用效率,最大化科技创新成果应用效果,并改善跨区域的交流合作方式。

确定建设目标是沪舟甬跨海通道品质工程标杆建设的第一步,也是上述四大模块之间互相运作的最终效果。平安百年是首要建设目标,在沪舟甬跨海通道全生命周期的各个阶段都需要高度重视工程的质量。为实现文化融合,需要将沪舟甬跨海通道沿线区域的文化要素融入工程建设之中,通过科技手段以不同形式展现于工程实体之上。生态舒适作为建设目标,意味着沪舟甬跨海通道品质工程标杆建设需要实现工程可持续、环境可持续和社会可持续,如图 6-2 所示;通过工程可持续,可以实现沪舟甬跨海通道

"投资—建设—运营—效益"的良性循环；依托工程可持续和环境可持续的有机融合，能够实现沪舟甬跨海通道全生命周期的低资源消耗与对海洋生物的保护；借助工程可持续与社会可持续的相互配合，提升沪舟甬跨海通道的使用舒适性，并为沪舟甬跨海通道全生命周期各个阶段的社会稳定性提供保障。而社会认可则是从用户的角度，对沪舟甬跨海通道品质工程标杆建设提出使用感、使用效果、未来需求的诉求。

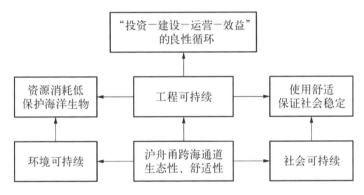

图 6 - 2　沪舟甬跨海通道品质工程标杆建设的生态舒适内涵

此外，在沪舟甬跨海通道品质工程标杆的建设路径中，目标确定、要素使用、科技指引和区域协作四大模块之间，以及它们与参与主体之间也是互相联系的。图 6 - 3 展示了上述五大模块之间的耦合关系：为了实现沪舟甬跨海通道品质工程标杆的建设目标，首先，由科技指引辅助要素使用，使

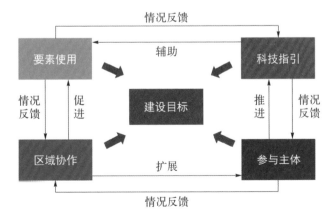

图 6 - 3　沪舟甬跨海通道品质工程标杆建设路径中的模块耦合关系

要素使用的生产价值最大化;其次,区域协作促进要素的跨区域流动和使用,特别是推动以"人"为核心的要素跨区域顺畅流动;最后,区域协作机制的建立有助于扩展项目参与主体,引入更多的技术合作场景,增加市场参与度,从而完善科技指引,提升项目的品质工程建设质量。

在沪舟甬跨海通道品质工程标杆建设路径的实际运作中,要素使用的效果应及时反馈给区域协作管理部门,尤其是要素需求和要素使用情况,由相关管理部门据此重新统筹要素使用。同时,要素使用情况也将用于调整科技指引,注重酝酿、培育新技术。对此,可以由参与主体协调建立技术发展组织,归口区域协作相关部门领导,在区域协作机制的助力下,开展联合技术研发与攻关。这也加强了区域协作的紧密度,推动了长三角深度一体化。

目标确定、要素使用、科技指引和区域协作四大模块与参与主体相辅相成,耦合协作,由参与主体将科技指引和要素使用作为输入,由区域协作作为二者的流通和促进机制,开展沪舟甬跨海通道品质工程标杆建设的具体工程活动,最终达到建设目标。

6.2　要素使用

6.2.1　要素使用价值链分析

土木工程建设行业一直存在高污染、高成本、低质量的问题,工程要素使用的优化是降低污染、节约成本、提升资源使用效率、提高工程质量水平的重点途径。大型复杂工程建设项目,如沪舟甬跨海通道,所需要的工程要素多样,资源配置复杂,管理要求高,因此,要善于运用"精益成本管理"的思想,以价值最大化为准则管理和使用要素,注重要素的价值管理。价值管理的目标是实现价值增长,它是一个长期的过程,需要从如何创造价值、管理价值和衡量价值的角度开展。在沪舟甬跨海通道品质工程标杆建设过程中,人、资源、技术、资金等均是其重要的禀赋要素。如何使用这些要素,如何评估这些要素的使用效果,如何挖掘这些要素使用效果的提升方法,这些都是沪舟甬跨海通道品质工程标杆建设必须考虑的问题。

基于价值管理的思想使用上述要素,旨在提升这些要素的使用价值。在沪舟甬跨海通道品质工程标杆建设过程中,应通过优化组织内部架构,提升要素使用效率;推动组织融合与技术创新,提升要素投入的价值;利用工业化生产模式,把控材料品质,规范化作业,充分发挥技术和机械装备的生产能力,杜绝作业过程中的质量隐患,让技术要素创造更大的价值;使用"机智"和自动化机械,解放"人"力,投入资源培养"人"、激发"人"的思考和创造能力,让"人"创造更多的价值。

需要注意的是,工程活动并不是孤立的,而是相互联系、互为支撑的。因此,还需要从"价值链"的角度,分析沪舟甬跨海通道品质工程标杆建设过程中要素的使用,如图 6-4 所示。在此过程中,还衍生出了三种价值链:工程活动内部价值链、工程供应价值链和工程横向价值链。在沪舟甬跨海通道品质工程标杆建设过程中,工程内部价值链是指投入各种要素开展的工程建设活动的价值增值过程;工程供应价值链是指采购过程中由上下游产生的要素使用的价值增值过程;而工程横向价值链则是由各参建单位竞争而形成的要素使用的价值增值过程,即由同行业竞争带来的要素使用成本优化。

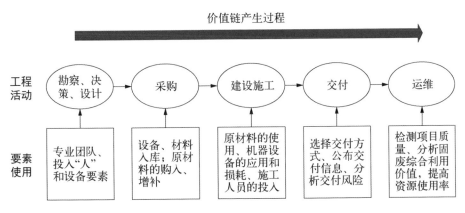

图 6-4 沪舟甬跨海通道品质工程标杆建设的要素使用价值链

6.2.2 要素全方位使用管控

要素的使用需要遵循价值规则,即通过最大化价值链,体现价值管理的优势。因此,均需全方位管控每种要素的投入。在沪舟甬跨海通道品质工程标杆建设过程中,"人—机—料—法—环"各要素中最终实现价值产生的载体是"人"这类要素,因此需要以"人"为核心全方位管控其他要素的使用,如图 6-5 所示。

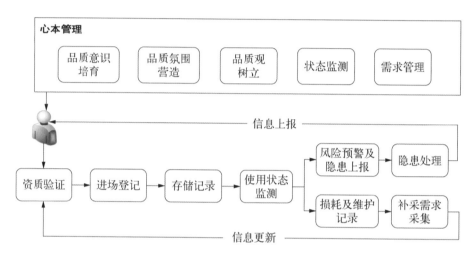

图 6-5   沪舟甬跨海通道品质工程标杆建设的要素使用全方位管控

由图 6-5 可知,除"人"之外的其他要素对工程建设的影响均通过"人"的行为来体现。因此,对"人"的管理是工程建设中全方位管控要素使用的核心关键。"人"在发挥主观能动性时,是通过认知过程进行决策和行为的,并且"人"与其他要素的信息交互和处理也均发生于认知过程中,包括但不限于"人"使用机械、技术创新、工程决策、处理工程活动与社会环境和自然环境的和谐相处等。因此,在沪舟甬跨海通道品质工程标杆建设过程中,对"人"的管理应在认知影响的基础上开展心本管理。

人本管理强调尊重每一个"人",通过动力(或压力)机制、约束与激励机制和环境影响机制,培养"人"的全面发展,凝聚团队力量[11];而心本管理则在人本管理基础上进一步深化对"人心"的管理,让"人"自觉参与到管理之中,积极主动完成预定目标,更强调通过价值观和社会观来凝聚组织[12]。由于沪舟甬跨海通道建设工期长、施工条件艰苦,参建人员的生活与施工作业环境联系紧密,因此,在施工作业时需要对参建人员进行人本管理,而在平时的生活中,则需要建立人员培训与沟通机制,提升心本管理程度。一方面,可以通过塑造有效质量认知,树立正确的品质观,培养良好的品质情绪,参建人员从而养成优良的品质态度,激发潜能,最终改变个体的行为;另一方面,可以利用社会影响,引导良性社会认知,形成良好的群体质量行为习惯。上述心本管理手段,能够实现沪舟甬跨海通道品质工程标杆建设过程中对"人"要素的全方位管控。

6.3 科技指引

6.3.1 科技指引模式建立

科技产生的本质是为了更好地将生产要素应用于经济生产活动中。科技并不是孤立的,是与其他生产系统相互配合的。沪舟甬跨海通道品质工程标杆建设路径中的科技指引,也是为了更好地使用工程建设要素,提升要素使用效率,并承担社会责任和满足社会需求,达到"平安百年、文化融合、生态舒适、社会认可"的品质工程标杆建设目标。据此,可以建立如图6-6所示的沪舟甬跨海通道品质工程标杆建设科技指引模式。

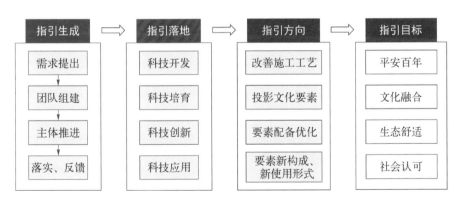

图6-6 沪舟甬跨海通道品质工程标杆建设的科技指引模式

由图6-6可知,为实现沪舟甬跨海通道品质工程标杆"平安百年"的建设目标,科技指引需贯穿沪舟甬跨海通道建设的始终,通过科技开发与培育提升工程建设水平,通过科技指引配备优化的工程建设要素,提升要素系统的耦合度,例如优化"人"要素的使用,现场按照工人数量和场地大小配备一定数量的安全员等,以达到"平安百年"的品质工程标杆建设标准。

为实现沪舟甬跨海通道品质工程标杆"文化融合"的建设目标,需要利用科技实现文化要素的投影,让其融合表现在沪舟甬跨海通道工程实体上。为此,需要在沪舟甬跨海通道的实体造型、建设材料选择、色彩运用等多方面,注重运用科技手段融入沿线地区特色文化元素,加强与周边环境和景观的协调,并注重人文关怀,通过科技手段实现功能性和人性化融合设计,提高沿线地区人们对沪舟甬跨海通道的认同感和归属感。

"生态舒适"是沪舟甬跨海通道品质工程标杆建设的必然需求。为此,需考虑在工程建设中加强生态环保的新材料、新产品的应用,通过科技指引推动具有可持续性特征的工程建设新要素的开发,找寻要素的新使用形式或新构成(如新建筑材料等),以提升工程的耐久性、抗腐蚀性,并减少工程建设对环境的污染,降低碳排放。同时,可以通过科技指引推动节能减排,即利用新兴科技的强大计算能力,控制、调控工程建设过程中能源资源的使用,达到低碳目标。此外,需要充分运用数字化技术(如数字孪生等),加强对项目运营状态的管控,以满足用户使用舒适性的需求。

科技指引对沪舟甬跨海通道品质工程标杆"社会认可"建设目标实现的促进作用,主要是指在沪舟甬跨海通道建设过程中,运用科技手段及时公开工程建设进展相关信息,让公众清晰了解项目的当前状态和未来趋势及其对周围环境、社会公众产生的影响,以获得社会公众的认可。具体方法有:通过科技手段展示沪舟甬跨海通道建设对沿线地区产生的积极影响,如创造就业、改善基础设施等,以及展示项目建设中采用的环保材料和技术以减少对沿线地区环境的影响;应用科技手段与沿线地区的社区、媒体和利益相关者建立积极、顺畅的沟通渠道,及时回应公众的疑问和关切,从而实现沪舟甬跨海通道品质工程标杆建设的"社会认可"目标。

6.3.2 科技指引实现路径

利用科技指引沪舟甬跨海通道建设是提升工程质量、达到品质工程标杆建设目标的重要手段,其实现路径是"科技指引生成→科技指引落地→科技指引方向→科技指引目标",如图6-6所示。在科技指引生成阶段,应建立科技团队,确定需求清单,明确沪舟甬跨海通道品质工程标杆建设所需技术种类,确定是否需要开展外部合作,是否需要引入国外技术支持等;在科技指引落地阶段,需要根据科技指引目标和科技指引方向开展各类创新技术的落地工作,即以科技指引目标为导向,根据科技指引方向确定创新技术的应用目的,通过科技指引落地的程序步骤最大化创新技术对沪舟甬跨海通道品质工程标杆建设的辅助作用。

科技指引的主要目标是将沪舟甬跨海通道建设成品质工程标杆,因此,科技指引也应渗入沪舟甬跨海通道建设的各个阶段,即在其全生命周期实现品质工程标杆建设的精细化、智慧化和低碳化。

在可行性研究阶段,应借助科技手段实现沪舟甬跨海通道工程可行性研究的标准化、程序化和规范化。其一,应构建沪舟甬跨海通道可行性研究的行业标准、数字模型和评价标准,以及元数据格式的标准;其二,应建立沪舟甬跨海通道可行性研究任务合同签订、报告编制、审核及最终成果确认的规范化程序;其三,应形成沪舟甬跨海通道可行性研究报告编制参与方的行为规范化、数据维护和使用的规范化。

在策划决策与勘察设计阶段,需要达到的目标为工程策划与勘察设计过程的动态化和智能化。在进行沪舟甬跨海通道工程策划和勘察设计之前,应运用科技手段开展充分的调研,包括但不限于开展交通需求、航道需求、城市发展需求、环保生态需求、低碳需求和社会需求,以及项目规划条件、内外部环境、法规规范等的调研。据此,不仅可以通过大数据技术对上述调研数据展开分析,以获得用户对沪舟甬跨海通道外部形象、运行模式的画像;还可以通过交通流计算机仿真,预测用户交通需求,以及模拟无人驾驶等未来新兴交通方式对沪舟甬跨海通道的影响;也可以通过仿真模拟沪舟甬跨海通道的未来运行状态,分析其对航道、生态环境和海洋物种的影响,最终实现工程策划和勘察设计的大数据辅助决策。

在施工建造阶段,应建立沪舟甬跨海通道数字孪生模型,通过传感器和图像设备等实时搜集数据,利用无线网络、蓝牙、传输协议、网关等传输实时数据以实现数据孪生模型的实时更新,通过不同层级、不同时间维度和不同对象的信息交互,利用数字孪生模型的时空演化规律与虚实交互机制,实现对沪舟甬跨海通道施工建造状态的全方位掌握、分析与管理。

在运维管理阶段,应充分利用沪舟甬跨海通道的数字化交付物——数字孪生模型,实现对沪舟甬跨海通道的健康检测与异常状态分析。在此阶段,借助人工智能方法,完成对沪舟甬跨海通道运维故障的自动分析与识别,从而辅助管理人员决策。

6.4 区域协作

6.4.1 长三角区域协作现状

与长三角一体化下各城市之间的合作不同,沪舟甬跨海通道品质工程标杆建设中的区域协作,具有更强的目的性和工程活动属性。但是后者是在前者的背景下进行的,因此有必要先对前者的现状进行分析。

长三角一体化下的区域协作,在国家层面,主要的组织机构是推动长三角一体化发展领导小组。在省级层面,主要是区域协作三级运作机制,即长三角三省一市主要领导座谈会为决策层,长三角地区合作与发展联席会议为协调层,长三角区域合作办公室、长三角地区合作与发展联席会议办公室、重点合作专题组等为执行层。其中,长三角区域合作办公室实现了区域协作三级运作与合署办公的有机对接和实体化、专职化运行。在城市层面,主要是在长三角各城市轮值召开的由市长或分管市长参加的长三角城市经济协调会。此外,在工程建设领域,2021年签署的《长三角区域工程建设标准一体化发展合作备忘录》,表明长三角区域已就工程建设标准实现了一体化。目前,长三角地区正致力于建设科技创新一体化、生态绿色一体化等一体化工程。

然而,目前长三角地区的供应链还未达成上下游运作一体化。由于沪舟甬跨海通道建设的区域间协作程度要求高,其对工程供应链的一体化协作也具有较高要求,因此,沪舟甬跨海通道品质工程标杆建设仍面临区域协作机制不够完善的问题。

6.4.2　区域协作机制发展方向

为解决沪舟甬跨海通道品质工程标杆建设中的区域协作问题,不仅需要在充分发挥长三角一体化既有优势的基础上,上海、舟山、宁波三地共同努力,在短期内建立跨区域对话协作机制,降低工程建设供应链的牛鞭效应,统一项目建设验收要求,还要加强区域间互联互通的长效机制;不仅需要发挥地域级机构的主导作用,还要利用好基层单元级机构的辅助作用。图6-7展示了沪舟甬跨海通道品质工程标杆建设的区域协作发展方向。

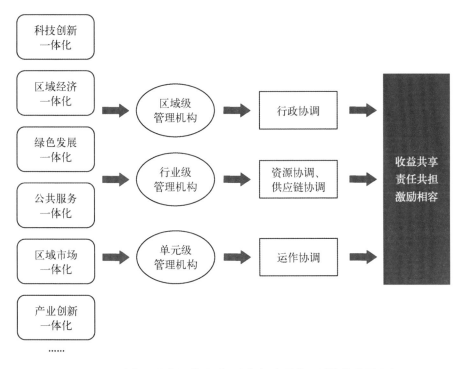

图6-7　沪舟甬跨海通道品质工程标杆建设的区域协作发展方向

根据图6-7所示的区域协作发展方向,首先,可以借助长三角科技创新一体化的优势,加快建立沪舟甬跨海通道品质工程标杆建设的跨区域科技合作平台和试验平台。目前,正在打造的长三角科技创新共同体,不仅为长三角地区创造了更多的科技专利孵化机会,还提供了更多的新材料、新装备、新专利。因此,一方面,要鼓励上海和舟山、宁波共同建立跨区域的跨海通道建设工程技术库,将上述与跨海通道建设相关的新材料、新装备、新专利收纳入库;另一方面,沪舟甬跨海通道参建单位应积极联合高校、科研机构建立联合试验平台,鼓励通过试验开发新工艺、新技术、新设备等,以攻克沪舟甬跨海通道品质工程标杆建设中的技术难点。

其次,可以利用长三角地区的海洋技术优势,依托沪舟甬跨海通道布局海洋产业合作平台。沪舟甬跨海通道的建设不仅增加了交通大通道,还带扩展了相关区域的海洋产业版图。而长三角地区海洋科技整体实力优势显著,因此,应借助长三角地区既有的海洋技术优势,考虑为未来海洋经济等级的提升提前布局,即依托沪舟甬跨海通道品质工程标杆的建设,顺势成立相应的海洋产业合作机构,服务于未来的海洋经济。

最后,可以依托沪舟甬跨海通道品质工程标杆的建设,通过成本共担、收益共享的方式推进沿线地区的跨区域合作。虽然沪舟甬跨海通道品质工程标杆的建设需要巨大的投入,但其建成后也具有很好的收益。为更好地鼓励沪舟甬跨海通道沿线地区的区域协作,可以以沪舟甬跨海通道的未来收益为杠杆,突破行政壁垒,打造沪舟甬三地利益共同体,即沪舟甬跨海通道品质工程标杆建设的投入由沪舟甬三地分担,并根据投入成本的分担比例,相应地分享沪舟甬跨海通道建成后的收益,从而实现沪舟甬三地的跨区域深度合作。

对策篇

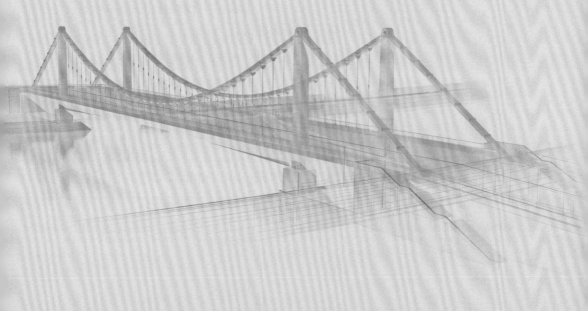

7

跨海通道建设的对策建议

根据当前沪舟甬跨海通道分段建设过程中科技创新工作与品质工程建设工作的实际情况,为实现前述建立的沪舟甬跨海通道科技创新技术管理模式、沪舟甬跨海通道科技创新组织管理体系,以及实现将沪舟甬跨海通道建设成为品质工程标杆的目标,提出如下加快加强跨海通道建设科技创新工作与品质工程标杆建设的对策建议。

7.1 科技创新工作对策建议

1) 加强跨海通道建设前瞻性技术储备

针对跨海通道工程建设需求旺盛但建设技术难度大风险高的问题,着眼于台湾海峡跨海通道等超级工程的建设需要,以及设计寿命 120 年到 200 年的目标,应加大跨海通道规划、设计、建设和运维的前瞻性技术储备,包括但不限于跨海通道工程超长设计寿命技术标准、超长寿命跨海通道工程的结构体系和构造技术、极端气候条件下的跨海通道工程韧性技术、外海环境下大型预制构件的安装技术、跨海通道工程的智能养护及延寿技术等,在解决"卡脖子"技术问题的同时,建立跨海通道建设前沿技术储备库,从而为我国跨海通道规划建设提供源源不断的技术支撑。

2) 强化立体用海的理念引领

随着用海需求持续扩大,海域空间资源的稀缺性日益凸显。沪舟甬跨海通道所处的东海海域是我国海洋资源开发的重点区域之一,该海域内同时涉及海洋风电场建设、海底光缆及输电线网铺设、大陆饮水工程管网建设、生物海洋洄游、海面航运等多领域、多维度的用海活动。在传统的用海模式中，海域空间被视为二维的平面，一片海域往往仅被进行单一用途的开发[13]。例如，一片海域被规划为养殖区域，主要利用的是一定深度范围内的水体部分，而该区域内的其他富裕空间（水面上空、不同深度的水体、海床、底土等）则不再被进一步开发利用，引发海域资源利用不充分的问题。然而，随着海洋开发利用的深度和广度不断拓展，不同项目交叉用海、重叠用海的需求激增，如何提高海域资源的集约利用水平是亟待解决的问题。

2019 年，中共中央办公厅、国务院办公厅联合印发《关于统筹推进自然资源资产产权制度改革的指导意见》，首次提出"探索海域使用权立体分层设权"。此后，浙江省也不断开展针对立体分层用海的探索，并于 2023 年12 月 12 日正式发布了浙江省地方标准《海域立体分层宗海界定技术规范》（DB33/T 1345—2023）（以下简称《技术规范》）[14]，该标准成为我国首个海域立体分层设权技术领域的省级地方标准，其中明确了海域使用权立体分层设权"怎么分层""怎么论证""怎么审批""怎么监管"等关键环节，浙江用海迈入"三维"时代。沪舟甬跨海通道的建设作为一项涉及东海海域开发利用的大型重点工程，应积极响应区域发展的需求和趋势，从更宏观的视角，在项目早期将建设范围内的海域集约立体开发问题纳入规划建设方案。

在沪舟甬跨海通道建设的技术创新中，推动立体用海的具体做法包括：第一，拓宽跨海通道建设全生命周期理念。在当下公认的工程全生命周期（决策、设计、施工、运营）基础上，基于大型跨海通道项目更高标准的建设需求，将跨海通道工程的全生命周期向前拓宽，将政府决策前的工程可行性研究阶段纳入其中，将跨海通道项目的研究重心适当前移，从而以工程完整生命周期的视角开展沪舟甬跨海通道的交通量分析、线位选择等可行性研究，为实现以跨海通道工程为核心的立体用海预留更多可能性。第二，落实地区海域立体分层设权的要求。在沪舟甬跨海通道规划建设中，遵循《技术规范》中海域立体分层"该管则管""以用定界""必要附占"的三大原则，精确评估沪舟甬跨海通道工程所需的海域空间及其附占空间。据此，对沪舟甬跨海通道涉及海域内剩余空间的全方位立体开发进行及早规划，从而形成水面、水体、海床等多层次的开发与管理模式。第三,研发跨领域、多层次的海洋综合利用关键技术。总结现有海域立体化开发经验,"光伏＋养殖"是目前各地探索海域立体化开发所使用的常见组合,此外,还存在"光伏＋温排水""海底电缆管道＋码头"等多种模式。在此基础上,进一步探索在跨海通道大背景下的海域立体化开发契机,并设立研发专项。"沪舟甬跨海通道建设战略研究"项目组调研发现,跨海通道随桥搭载光缆电缆是业界所期待的综合开发形式之一,但目前面临光缆电缆发热影响桥梁结构安全等技术难题,可以将其作为沪舟甬跨海通道建设科技创新的突破点之一。

3)加强海上风电与跨海通道协同发展的统筹规划

作为新能源发电的重要组成部分,海上风电是未来高增长的产业之一。"十四五"时期,我国海上风电累计装机有望达到6 000万千瓦,2030年前累计装机将达到1.2亿千瓦,2035年以前的风电技术可开发量将达到5亿千瓦。但需要注意的是,我国大部分沿海地区在发展海上风电时,较多的是从海上风电本身出发,缺乏全局的考虑,没有给未来跨海通道规划建设预留足够的空间,有些海上风电场甚至占据了未来跨海通道工程的线位,给未来跨海通道的规划建设带来了不利的影响。因此,加强海上风电与跨海通道协同发展的统筹规划,是十分紧迫的工作。

4)开展新能源发电技术与跨海通道规划建设相互融合的研究

在国家"双碳"目标的推动下,新能源发电前景广阔。跨海通道工程所处地区,阳光日晒充足、风力资源和洋流资源丰富,为新能源发电提供了良好的资源条件。因此,建议组织开展新能源发电技术与跨海通道规划建设相互融合的研究,包括但不限于如下新能源发电技术。

(1)光伏发电技术:在跨海大桥的桥墩、塔身、栏杆等可以利用的地方,设置光伏发电装置,兼顾美观。

(2)风力发电技术:将风力发电装置与跨海大桥的结构构件相结合,在美观的基础上实现风力发电。

(3)海洋流发电技术:根据跨海大桥所在区域的海洋流情况,选择合适的地点,将海洋流发电装置与跨海大桥结构构件相结合,实现海洋流发电。

在上述研究的基础上,开展零碳跨海通道规划建设研究,实现跨海通道运维能源消耗完全由上述新能源发电技术供给。

5) 基于沪舟甬跨海通道建设建立我国跨海交通科技计划体系

党的十八大以来,我国跨海通道建设取得了历史性成就。然而面向绿色化、智能化、自主化科技创新发展趋势,我国跨海通道建设中仍然面临一众基础科学问题,许多"卡脖子"的工程技术、设备及材料亟待攻克,技术创新路线亟待探索,新时期创新人才培养机制尚待挖掘。这些问题的解决不仅依赖现有的技术积累,更需要创新性的科学研究、技术开发与政策引导。因此,本项目建议以沪舟甬跨海通道规划建设为实际依托,针对我国跨海通道建设的基础科学问题攻关、重点技术攻克、设备和材料研发、技术创新路线创建及创新人才培养等难题,建立我国跨海交通科技计划体系,开展沪舟甬跨海通道建设重大科学问题研究专项,建立深海基础施工重点研发计划,同时突出创新平台建设的重要性,建设国家跨海交通技术创新中心,打造一批国家级跨海交通领域创新中心、工程技术研究中心、重点实验室、企业技术中心等,推动跨海交通科技创新体系和产业体系发展。

6) 加快健全完善跨海通道工程科技创新的新型举国体制

从"两弹一星"到"载人航天""北斗工程""国产航母"等重大科技任务攻关,无不彰显出举国体制在科技创新工作方面集中力量办大事的显著优势。党的十八大以来,国家多次强调要健全新型举国体制,把政府、市场、社会有机结合起来,强化国家战略科技力量,科学统筹、集中力量、优化机制、协同攻关。近年来,我国跨海通道建设取得了历史性成就,然而在工程建设和装备研发等方面还存在不少"卡脖子"技术,无法做到完全自主可控。基于跨海通道工程建设体量大、难度大、科技创新难度高等特点,新型举国体制是集中力量实现跨海通道工程建设科技创新攻关研发的重要依托。因此,建议加快健全完善跨海通道工程科技创新的新型举国体制,具体包括总结已建成的大型跨海通道工程中科技创新的系列成功经验,针对大型跨海通道建设中单项技术攻关经济收益低、推广应用范围窄等问题,探索多学科融合的集成化科技创新范式;通过集成创新对大型跨海通道建设中的各项创新要素进行创造性融合,产生 $1+1>2$ 的效应,从而牵引大型跨海通道建设相关单项技术升级迭代,带动大型跨海通道建设相关产业升级,据此进一步完善重大交通基础设施建设科技创新新型举国体制的内涵,形成可复制、可推广的科技创新模式。

7) 开展市场导向视角下的跨海通道建设科技创新市场化机制研究

跨海通道科技创新往往涉及多区域、多部门、多企业,其背后涉及复杂的行政因素影响、利益分配,常常导致科技创新资源得不到合理分配和整合。在市场经济条件下,市场对科技创新资源的优化配置发挥着重要的基础性作用。落实创新驱动发展战略,推动科技强国建设,首先就要健全科技创新市场化机制,为创新驱动提供良好的体制机制保障。如何打破行政阻隔,拓宽合作领域,完善合作机制,实现多地区、多部门、多企业的科技创新协同尽快从事务性合作向政策性对接转变,从局部性合作向整体性谋划转变,从阶段性合作向长期制度安排转变,从而在更大范围内整合资源,在更高层次上实现优势互补,这些是现阶段需要重点关注的问题。因此,建议组织开展市场导向视角下的跨海通道建设科技创新市场化机制研究,具体包括:

首先,推动跨区域政府间的跨海通道建设科技创新协同机制创新,合作建立一套功能性的跨海通道建设科技创新组织结构,明确各部门、机构的职责,推动政策协同,建立健全跨海通道建设科技创新成果知识产权的跨区域协同保护机制。

其次,建立市场导向、科学论证、系统评估的跨海通道建设科技创新市场化准入及评估机制,最终形成以企业为主体,以高校、科研院所为依托,市场导向、政府推动、社会参与的跨海通道建设区域科技创新市场化机制。

7.2 品质工程标杆建设对策建议

1) 丰富品质工程标杆内涵,拓展工程品质的社会责任维度

品质工程的提出由来已久,但是品质工程标杆还是一个比较新的概念。区别于普通品质工程,品质工程标杆不仅具有强工程属性,还具有很高的社

会属性,能够被其他项目所学习、借鉴,并具有时代性。

沪舟甬跨海通道品质工程标杆的建设正具有此类特点。它不仅是服务于长三角一体化的大型交通基础设施建设,还是长三角一体化下城市发展的必需品,其建设势必将借助长三角一体化的优势,也将反哺长三角一体化的深入发展,承担着社会责任亦具有时代性。为了引领我国跨海通道类工程的品质提升方向,也为了促进长三角一体化发展、彰显我国的工程建设实力,开展沪舟甬跨海通道品质工程标杆建设是必要的。

品质工程标杆目前仍未被完整定义,其内涵有待于进一步解读。因此,为了助力沪舟甬跨海通道的品质工程标杆建设,首先应丰富品质工程标杆的内涵,从工程属性与社会属性的角度,分析品质工程标杆建设面临的社会需求,并深入剖析两种属性的耦合性。

就工程属性而言,沪舟甬跨海通道品质工程标杆的建设,满足了沪舟甬三地的客货运需求,即既满足了沪舟甬三地异地通勤的需要,也助力了沪舟甬三地旅游通道的打造。该项目还与沪甬跨海通道优势互补,不仅助力了沪舟甬三地货运运输成本及时间的优化,而且也实现了宁波—舟山港与上海洋山港的资源整合——连接了宁波—舟山港和上海洋山港,助推港口经济发展和"港口—腹地"产业生态及产业集群的打造,从而推动社会经济和民生的良性发展,最大化沪舟甬跨海通道的社会经济效应。就社会属性而言,在沪舟甬跨海通道品质工程标杆的建设过程中,生态保护是不可忽视的部分,不但需要保护环境资源、维护海洋生物多样性,而且需要实现节能减排、低碳建造与出行,实现沪舟甬跨海通道绿色建造与未来可持续发展的目标。

由此可见,除了沪舟甬跨海通道建设的工程属性之外,还必须结合其社会属性,才能更好地诠释品质工程标杆的内涵。为此,除了普遍的工程社会责任,即满足居民需求、保证人员安全、节省资源、低碳化工程活动等,在沪舟甬跨海通道品质工程标杆的建设过程中,还需要对复合型工程建设人才和队伍进行培养,促进沪舟甬三地工程建设人才的交流和流动,体现沪舟甬三地的人文要素,以及推动沪舟甬三地海洋产业的发展。这将极大地扩展沪舟甬跨海通道的社会责任维度,体现我国的大型复杂交通基础设施建设的实力。

2) 瞄准未来城市发展需求,提升沪舟甬跨海通道建设的前瞻性

沪舟甬跨海通道品质工程标杆建设面临的未来城市发展需求,不仅存在于交通通行方面,更发生于城市本身的发展。若不考虑未来的城市发展需求,沪舟甬跨海通道的品质工程标杆建设将失去很大一部分社会影响力。

在交通通行方面,未来的交通量预测与未来交通方式规划是沪舟甬跨海通道品质工程标杆建设必须考虑的要点。沪舟甬跨海通道的建设势必对沿线区域交通格局与经济发展产生显著影响,涉及多种运输方式之间的运量重新分配。在客运方面,沪舟甬跨海通道提供了除沪甬通道之外重要的上海与宁波之间的通行选择,能够帮助缓解上海—宁波的异地通勤压力,同时它连接舟山,能够满足沪舟甬三地间的旅行需求。在货运方面,沪舟甬跨海通道能够提升沪舟甬三地及周边地区的港口—腹地可达性。沪舟甬跨海通道建成后,宁波—舟山港 1 小时可达主要指宁波市和舟山市,2 小时可达则包括上海市、嘉兴市和杭州市。同时,沪舟甬跨海通道将帮助优化综合交通网络,助力上海洋山港和宁波—舟山港缩小港口至腹地各城市的运输时间。此外,沪舟甬跨海通道还能够惠利启东市等地区。在未来交通方式方面,如无人驾驶、公路—车路协同、铁路—磁悬浮等运输服务产品变化,均对沪舟甬跨海通道的建设规划、发展方向、车道设计、公铁协同等提出了新挑战。因此,必须针对上述未来交通量的需求和未来交通方式的挑战,提升沪舟甬跨海通道品质工程标杆建设的前瞻性。

就城市发展而言,交通基础设施对经济民生影响巨大且十分重要。交通基础设施的完善与优化,能够提升城市的服务能级,吸引资本流动,带动产业发展,营造良好的产业生态,从而带来强劲的社会经济增长。沪舟甬跨海通道品质工程标杆建设在实现其社会属性的过程中,能够为城市经济发展提供新路径。因此,沪舟甬跨海通道品质工程标杆的建设还应预测未来城市发展的经济需求,提前与产业进行对接。

此外,因为陆地资源的限制,海洋产业,乃至海洋城市的发展已经提上日程。探索发展海洋能源、海洋科研、海洋工程、海洋产业,乃至探索建设海洋综合体或海洋城市成为未来的趋势。沪舟甬跨海通道正处于东部沿海战略协同区,对外承接东海,对内承接杭州湾北岸战略协同区,能够有效帮助

沪舟甬三地通过搭建海洋平台而拓展其城市区域。因此,在品质工程标杆建设的过程中,沪舟甬跨海通道还应考虑与海洋平台建设无缝衔接。

3) 完善沟通机制和知识管理,增强跨区域项目管理团队的协作能力

从整体上来讲,沪舟甬三地仍存在行政壁垒,故在沪舟甬跨海通道品质工程标杆建设过程中,仍将存在各区域行政审批、技术水平和建设工期不均衡的问题。对此,首先应借助长三角一体化的优势,提升跨区域行政审批流程的效率。其次,应依托长三角一体化下的技术流动平台和现有科研力量,鼓励新兴技术的研发和落地化,推动优秀科技创新成果应用于沪舟甬跨海通道品质工程标杆建设。最后,应成立沪舟甬跨海通道品质工程标杆建设项目联合体,形成有效的跨区域沟通机制,减少沟通时滞。

在沪舟甬跨海通道品质工程标杆建设过程中,由于储存难度,产生了很多遗漏的非结构化知识,参建各方对品质工程标杆建设的认知不统一。因此,应建立系统的知识管理体系,形成完整的知识库,不仅便于沪舟甬跨海通道不同区段参建团队之间的交流,更便于编撰珍贵的大型跨海通道品质工程标杆建设材料,供其他项目借鉴。

此外,还应借助多源异构数据搜集手段和融合方法,深入微观视角,探索品质工程标杆建设的知识应用手段,助力沪舟甬跨海通道工程建设。目前,数据获取渠道与数据类型渐趋多样化,为进一步分析沪舟甬跨海通道全生命周期中的风险变化及其对经济社会环境的影响提供了新手段。例如,在规划阶段,可利用交通量仿真模拟的方式,探索沪舟甬跨海通道的空间效应,探寻其对腹地城市的影响;在建设阶段,可通过数字孪生技术,加强沪舟甬跨海通道的数字化建设,强化品质工程标杆的数字化应用,实现对沪舟甬跨海通道施工中的全方位实时监控与风险防控;在运营阶段,可充分利用数据交互共享、精密仪器探测、城市流监测等技术手段,实现沪舟甬跨海通道对海洋生态环境的深入影响分析和风险预警。

在知识管理体系完善的基础上,参建项目团队的高效沟通和协作才是沪舟甬跨海通道品质工程标杆建设的有效途径。在建设前期,应让政府方、建设方、设计方和施工方等参建单位共同参与,对重大决策问题达成一致;在施工建设阶段,应使用可穿戴设备保证施工现场的沟通效率;在运维阶

段，应充分发挥长三角一体化的优势，以社会责任和现实问题为导向，统一各区域管辖段的管理目标，实现达成沪舟甬跨海通道运维的沟通共识。

4）加强品质氛围建设，树立统一的品质价值观

在沪舟甬跨海通道品质工程标杆建设过程中，应通过现场实践，建立参建团队成员易懂、可操作的质量管理方法，建立统一的品质观。首先，通过强化日常教育和培训，深化参建团队成员的品质意识，树立共同的品质价值观，激发"人"的主观能动性。其次，规范质量管理工具的使用，形成统一的、满足质量管理需求的工具使用方法。最后，建立系统化的材料、设备、环境、测量、人员管理系统，在关注"人"的核心作用的同时，加强"人"与其他要素的协作；通过技术"自适应→自感应→自学习→自决策"的行为闭环，辅助人员决策，实现参建团队成员品质意识的统一。

在沪舟甬跨海通道品质工程标杆建设过程中，应从认知过程出发，明确品质认知中的重要影响因素，建立良好的品质认知。在品质认知中，参建团队成员的人格特点和情感模式不同，最终均体现在行为反馈上。态度和能力是品质认知中两个重要的影响因素，需加强塑造和培育。一方面，从人员需求的角度，充分考虑外在环境条件限制和心理需求，培养积极的团队和项目认同感，鼓励工人参与工程建设品质管理。另一方面，建立对参建团队成员综合能力的长期记录和跟踪管理机制，建立有针对性和个性化的干预方案，这不仅包括关注参建团队成员的一般能力（如观察、记忆、关注、决策、理解等），还需要注重工人施工作业中的其他能力（如与人交流、交际的能力等），乃至对品质的感知能力等。

在沪舟甬跨海通道品质工程标杆建设过程中，应加强管理者参与程度，强化社会影响机制，充分利用"人心化"的影响促进良性氛围形成。除了管理者自身的工作行为会对参建团队品质氛围产生影响之外，管理者对参建团队成员的管理方式和方法也与品质氛围息息相关，是"人心化"的关键。管理者应给参建团队成员提供开放、平等、自由的平台，鼓励他们反映自身情况和需求，并利用技术手段，增加交流渠道，提升交流效率，促进品质观念在参建团队成员中的统一和加强。

参考文献

［1］ 阳镇.关键核心技术：多层次理解及其突破[J].创新科技,2023,23
(1)：14－24.

［2］ 浦再明.关于加快启动建设"上海跨海大通道"若干建议：加速形成
我国新时代"向海而兴、向海图强"全新战略态势[EB/OL].［2023－
02－14］.http://www.fzzx.sh.gov.cn/13_edj/20230214/4a3cc6f6d
8834aadbd57ed36fd33ac22.html.

［3］ 裴龙翔.上海专业技术人才队伍总量超300万[N].工人日报,2023－
09－01(7).

［4］ 李春友,娄淑珍.长三角省际合作园区合作模式研究：基于组态分析
的视角[J].华东经济管理,2023,37(3)：20－30.

［5］ 复旦大学全球科创人才发展研究中心.长三角生态绿色一体化发展
示范区人才一体化发展指数[R/OL].(2022－10－01)［2022－11－
13］.https://fddi.fudan.edu.cn/_t2515/20/0b/c18986a466955/
page.htm.

［6］ 宋慧勇.长三角高质量发展背景下的高校科技创新水平及趋势分析
[J].江苏科技信息,2023,40(25)：4－9.

［7］ 林辰辰,杨一之.浙江R&D经费投入强度首次突破3%,有何重要意
义?[EB/OL].［2023－10－16］.http://zjnews.china.com.cn/yua
nchuan/2023-10-15/394339.html.

［8］ 宁波市科技局.创新排首位宁波以"大投入"带动"大产出"[EB/
OL].［2024－01－16］.https://www.most.gov.cn/dfkj/zj/zxdt/
202401/t20240116_189423.html.

［9］ 舟山市人民政府综合核算处.2021年舟山市研发经费投入跃上新台

阶[EB/OL].[2022 - 09 - 02].http：//xxgk. zhoushan. gov. cn/art/2022/9/2/art_1229289086_3723042. html.

[10] 俞陶然.一项 6 亿元的技术转让是如何成交的：上海技术交易所专业化服务推动科技成果转化为新质生产力,去年累计交易额近 190 亿元[N].解放日报,2024 - 01 - 14(1).

[11] 马斯洛.人本管理[M].方士华,译.北京：北京燕山出版社,2013.

[12] 吴甘霖.心本管理：管理学的第三次革命[M].北京：机械工业出版社,2006.

[13] 郭媛媛."三维"用海的探路者：浙江省海域立体分层设权模式观察[J].浙江国土资源,2024(1)：17 - 18.

[14] 浙江省自然资源厅.全国首个海域立体分层设权省级地方标准正式发布[EB/OL].[2023 - 12 - 18].https：//www. zj. gov. cn/art/2023/12/28/art_1554468_60191208. html.